LETTRE DE M. AUG. MARIETTE

A M. LE VICOMTE DE ROUGÉ

SUR

UNE STÈLE

TROUVÉE A GEBEL-BARKAL

Extrait de la *REVUE ARCHÉOLOGIQUE*

PARIS

AUX BUREAUX DE LA *REVUE ARCHÉOLOGIQUE*
LIBRAIRIE ACADÉMIQUE — DIDIER et Cᵉ
QUAI DES AUGUSTINS, 35.

1863

LETTRE DE M. AUG. MARIETTE

A M. LE VICOMTE DE ROUGÉ

SUR UNE STÈLE TROUVÉE A GEBEL-BARKAL

Monsieur,

Je vous adresse quelques mots à la hâte pour vous annoncer la découverte d'un monument qui, si mes conjectures se vérifient, doit jeter sur une très-obscure période de l'histoire égyptienne la clarté la plus inattendue. Le monument dont il s'agit n'est malheureusement pas encore arrivé au Caire, et je ne le connais que par une copie due au crayon inexpérimenté du surveillant arabe des fouilles où il a été trouvé. Si insuffisante qu'elle soit, je vous envoie cependant cette copie, telle que je viens de la recevoir.

Je serai assez franc pour vous avouer, Monsieur, qu'en ce moment, des préoccupations de toute sorte, qui ont pour point de départ les soins à donner à la nouvelle organisation des fouilles et du Musée, ne me permettent pas d'étudier, comme je crois qu'il mérite de l'être, le monument dont vous avez le dessin sous les yeux. Dans le cas où ce difficile travail, digne de votre savoir et de votre pénétration habituelle, vous tenterait, veuillez donc l'entreprendre. Sans parler de l'incontestable profit que nous retirons tous du moindre de vos essais, la science gagnera tout au moins à vos recherches de connaître plus tôt un monument sur lequel je ne puis pour ma part que vous communiquer ce qu'en quelques minutes de rapide examen j'y ai trouvé de renseignements généraux.

Ainsi que je crois vous l'avoir déjà dit, j'avais obtenu du vice-roi, il y a un an environ, que des fouilles fussent entreprises dans le Soudan égyptien. L'importance de ces fouilles n'a pas besoin d'être démontrée. Soit qu'il s'agisse des temps pendant lesquels les Pharaons régnèrent en maîtres sur l'Éthiopie, soit que l'on se reporte aux siècles qui virent cette même contrée indépendante sous le sceptre de ses rois nationaux, il est certain que tout monument sorti de ce vieux sol qui fut témoin de tant de luttes, a son intérêt. Les événements ont justifié mes prévisions, et en effet je suis heureux d'avoir à vous apprendre que les fouilles de Gebel-Barkal viennent de nous mettre entre les mains plusieurs stèles d'une valeur historique considérable. C'est au milieu de ces monuments que je choisis l'inscription sur laquelle j'appelle aujourd'hui votre attention.

Le monument dont les fouilles du temple de Gebel-Barkal ont enrichi la science, est une stèle de granit noir que couvre un très-long texte en lignes horizontales, gravé non-seulement sur les deux faces, mais encore sur les tranches.

Au sommet de la face principale, on voit un roi debout, suivi de deux divinités qu'à leurs attributs on reconnaît pour Ammon et Mout. L'image et les cartouches du roi ont été soigneusement effacés, et de la légende royale il ne reste plus que les préfixes ordinaires, le roseau et l'abeille. Les noms d'Ammon et de Mout sont tout aussi méconnaissables ; à la fin des titres de la première de ces divinités, on lit cependant le nom hiéroglyphique de Gebel-Barkal, *tu av, la montagne sainte*. Quant aux noms des autres personnages qui remplissent avec les premiers le champ du tableau, ils sont au nombre de dix. Deux d'entre eux sont debout, les autres sont prosternés devant le roi en suppliants; par une exception très-rare, l'un des arrivants conduit par la bride un cheval nu. Des noms propres plus ou moins mutilés accompagnent ces figures. A gauche, ces noms propres sont illisibles, quoique les titres de prince et chef qui les précèdent montrent qu'il s'agit de personnages importants. A droite, au contraire, le monument est assez conservé pour que nous distinguions encore quatre cartouches royaux. L'un d'entre eux, peu connu (1), est celui-ci, *du roi Pef...aa-beseet ;* un autre, beaucoup plus fréquent, doit être restitué : *le roi Osorkon*, et rappelle le souvenir de la xxiie dynastie. Quant aux deux derniers, la stèle les présente en cette forme: *le roi Nemrod*, et *le roi Ouapout*, et nous montre ainsi, portés par des rois, des noms que nous ne connaissions jusqu'ici que pour les avoir vus dans la liste des princes de la famille des Bubastites.

Si l'on cherchait à pénétrer dans le sens de la stèle de Gebel-Barkal par le seul tableau que je viens de décrire, on se trouverait, je crois, fort embarrassé. Le monument remonte-t-il, comme au premier coup d'œil on doit le croire, jusqu'au temps où la xxiie et la xxiiie dynasties régnaient sur l'Égypte : a-t-il été érigé en souvenir de quelque lutte entre le royaume d'Éthiopie récemment affranchi et des rois ignorés de la dynastie des Scheschonk et des Osorkon? C'est là, un problème d'autant plus difficile à résoudre, qu'ajouter aux rois de la xxiie dynastie déjà révélés par le Sérapéum, les rois nouveaux que la stèle de Gebel-Barkal nous fait connaître, c'est mettre Manéthon en contradiction flagrante avec les monuments. Une autre hypothèse, à la vérité, se présente. On se rappelle que la religion et l'écriture de l'Éthiopie, au moins sous les plus anciens de ses rois nationaux, n'étaient autres que la religion et l'écriture de l'Égypte, et, par conséquent, un texte hiéroglyphique émané de l'autorité officielle de la première de ces deux contrées, en même

____

(1) N° 664 du *Livre des Rois*. Je ne sais sur quelle autorité M. Lepsius s'appuie pour classer ce cartouche dans la xxviiie dynastie.

temps qu'il ne reproduit pas nécessairement des noms propres égyptiens,
peut s'appliquer à des faits auxquels l'Égypte elle-même serait restée
complétement étrangère et qu'elle aurait même ignorés. Or ne savons-nous
pas que, quelques années après Scheschonk Ier et sous le règne d'Asa, roi
de Juda, l'Éthiopien Zérach, Zérah le Coushite comme l'appelle la Bible,
pénétra jusqu'en Judée à la tête d'une armée nombreuse, composée
d'Éthiopiens et de Libyens? Je suis loin de prétendre, bien entendu, que
la guerre qui, selon toute vraisemblance (1), conduisit les armées éthio-
piennes par le golfe Arabique, le désert et l'Idumée jusqu'en Palestine,
est celle-là même que notre monument rappelle. Mais, en s'autorisant de
l'exemple que je viens de citer, ne serait-il pas permis de supposer que
déjà, à l'époque où la stèle de Gebel-Barkal a été gravée, l'Éthiopie était
assez puissante pour avoir envoyé des soldats contre quelque Nemrod ou
quelque Sargon de l'Asie occidentale? L'inscription de Gebel-Barkal n'aurait ainsi d'égyptien que l'écriture dont on s'est servi pour perpétuer la
mémoire d'un fait important, et les cartouches royaux n'interviendraient
que pour donner leur valeur historique à des noms propres de rois étrangers à l'Égypte. Malheureusement cette seconde hypothèse, comme la
première, se réfute par sa propre exagération, et on voit par là qu'effectivement, si l'on veut avoir raison de la stèle de Gebel-Barkal, ce n'est pas
dans le tableau qui la décore qu'il faut en chercher la signification.

Le long texte qui commence immédiatement en dessous de ce tableau
vient ici à notre secours. Une date de l'an 21 d'un roi qui s'est appelé
Amen-meri Piankhi, frappe tout d'abord les yeux. Qu'était cet Amen-meri
Piankhi? Ce roi inconnu, que la stèle nous montre être un contemporain
des Nemrod et des Osorkon, serait-il un ancien roi qui précéda sur le
trône d'Éthiopie les Sabacon et les Tahraka? ne serait-ce pas plutôt l'É-
thiopien Piankhi qui se place entre Tahraka et Psammétick, et qui, en
épousant la reine Ameniritis, héritière, selon vous (2), des rois thébains,
s'acquit ainsi des droits légitimes à la couronne de la double Égypte?
C'est ce que la suite de l'inscription va nous apprendre.

Une première remarque est à faire. Que, sans chercher à approfondir le
sens de la stèle de Gebel-Barkal, on jette en effet les yeux sur le texte qui
couvre ce monument, et l'on sera immédiatement frappé d'y trouver la
fréquente mention de noms géographiques incontestablement égyptiens.
L'Égypte, par exemple, y est souvent nommée; Saïs, Memphis, Bubastis,
sont des villes dont il est aussi quelquefois question. L'inscription de
Piankhi ne se rapporte donc point à des faits auxquels l'Égypte ne se serait
pas trouvée mêlée, et, par conséquent, le roi Ouapout, le roi Nemrod, le

(1) Voyez Munk, *Palestine*, p. 305. M. Munk combat l'opinion qui identifie le
Zérach de la Bible à l'Osorkon Ier des listes égyptiennes. Voyez aussi ce que dit M. Lepsius, *On the* xxii. *egyptian dynasty*, p. 24.

(2) *Notice de quelques textes hiéroglyphiques récemment publiés par M. Greene*,
p. 43 et suiv.

roi Osorkon, le roi Pef... aa–beset, sont des rois égyptiens. La question ainsi posée est, à la vérité, loin de gagner en clarté ; mais personne ne peut nier que, par le pas qui vient d'être fait en avant, l'intérêt qui s'attache au monument de Gebel-Barkal ne soit notablement accru.

Je me hâte d'ajouter, Monsieur, que ce même intérêt redouble quand, après le premier coup d'œil qui nous a fait apercevoir à la surface du monument les noms géographiques égyptiens, nous passons à un plus sérieux examen de la pierre. Ici se retrouvent les personnages que le premier registre de la stèle nous a montrés prosternés devant Piankhi, et cette fois nous ne pouvons plus avoir de doute sur les qualités et les titres de ces hauts fonctionnaires égyptiens. Je noterai d'abord les qualifications suivantes : « Les chefs, les gouverneurs des villes ; les chefs, les généraux « des armées en Égypte ; les chefs et les rois de la Basse-Égypte ; les rois « et les princes de la Basse-Égypte. »

Qu'est-ce que ces *chefs*, ces *commandants des soldats de l'Égypte*, ces *chefs pareils*, ou *égaux*, ces *rois de l'Égypte* qu'on appelle aussi *rois pareils*, ou *rois égaux, chefs de l'Égypte?* Rappelons-nous, Monsieur, que nous sommes à l'époque de Piankhi, et que, sous le règne de cet Éthiopien, successeur de Tahraka et prédécesseur de Psammitichus, se place la *dodécarchie.* « Après la mort de Séthos, qui était en même temps roi et prêtre de Vul- « cain, les Égyptiens, dit Hérodote, recouvrèrent leur liberté ; mais, comme « ils ne pouvaient vivre un seul moment sans rois, *ils en élurent douze et* « *divisèrent l'Égypte en autant de parties qu'ils leur assignèrent.* Ces douze « rois s'unirent entre eux par des mariages, et s'engagèrent à ne se « point détruire..... Au bout d'un certain temps, l'un d'entre eux, Psam- « mitichus, ... détrôna les onze rois..... » (Hérod,, II, 147-152). « Après « Sabacon..., dit Diodore, il y eut en Égypte une anarchie qui dura deux « ans..... Enfin douze des principaux chefs tramèrent une conspiration. « Ils se réunirent en conseil à Memphis, ... et se proclamèrent eux-mêmes « rois. Après avoir régné pendant quinze ans ....., le pouvoir échut à un « seul ..... qui se nommait Psammitichus..... » (Diod., I, 66). Parmi les *chefs égaux*, les *rois égaux* de l'inscription de Piankhi, ne retrouverions-nous pas les chefs de la dodécarchie, et la stèle de Gebel-Barkal n'aurait-elle pas l'inappréciable avantage d'être le premier monument qui, depuis Hérodote et Diodore, nous laisse voir des traces de ce grand fait de l'histoire égyptienne?

Je bornerai, Monsieur, à ces courtes indications les remarques dont je voulais accompagner l'envoi du dessin de la stèle de Gebel-Barkal. Quant au sens précis du monument, on ne le trouvera certes pas dans les quelques phrases sans liaison qu'une première étude de la pierre fait déchiffrer çà et là, et il ne peut sortir que d'un travail d'ensemble, tel que celui dont je vous prie de nouveau de vous charger. Peut-être, en présence de l'incorrection du *fac-simile* ci-joint, penserez-vous qu'avant de risquer une traduction quelque peu sérieuse sur une copie où, à chaque ligne, on rencontre un tiers des mots à restituer, il serait plus sage d'attendre, soit

a venue du monument, soit un bon estampage qui nous en livrerait le
texte définitif : c'est à vous de décider. Du reste, en parlant de la dodécarchie, je ne prétends aucunement que la stèle de Gebel-Barkal soit en
relation nécessaire avec ce fait historique lui-même. Les quinze ou dix-
huit personnages dont les noms sont introduits dans l'inscription, ne sont
pas tous des *chefs égaux;* les uns sont cités pour être venus *contempler
les beautés du roi,* tandis que d'autres semblent être plus particulièrement
ceux qui, sous la conduite du principal d'entre eux, *Tafata* (?) (Stephinatès?), vinrent solliciter la faveur de Piankhi; presque tous d'ailleurs
sont ou des rois, ou des chefs militaires, et ce n'est que par une étude
régulière de l'ensemble du monument que l'on arrivera à connaître ceux
de ces suppliants qui, avant leur arrivée aux pieds du trône du roi Éthiopien, eurent leur part de la royauté égyptienne. La stèle de Gebel-Barkal
ne serait donc point, à proprement parler, un monument de la dodécarchie : mais elle consacrerait le souvenir de quelque événement qui en aurait été la conséquence, comme, par exemple, l'arrivée sur la terre de
Kousch de ces guerriers égyptiens qui, dans les premières années du
règne de Psammitichus (qui semble n'avoir été rappelé dans l'inscription que par les seuls mots *sa majesté*), abandonnèrent l'Égypte pour venir
chercher un refuge en Éthiopie (1).

Quoi qu'il en soit, la stèle de Gebel-Barkal appartient au règne de
Piankhi, que fut à la fois le mari d'Ameniritis et le beau-père de Psammitichus Ier, et elle offre ainsi à nos études un monument qui fut le contemporain de l'une des époques les plus intéressantes de l'histoire égyptienne.
L'inscription de Piankhi n'est pas du reste le seul objet nouveau de la col-
lection du Caire qui se rapporte à cette époque, et je terminerai ma lettre
en signalant à votre attention quelques documents inédits relatifs à cette
xxv° dynastie, que votre *Notice des fouilles de M. Greene* nous a déjà fait si
complétement connaître.

Le premier, est la belle statue d'albâtre trouvée à Karnak et représentant la reine Ameniritis. Contre les pieds et la figure sont gravés les deux
cartouches bien connus de cette reine, tandis que sur le socle de granit
auquel adhère encore aujourd'hui le monument, on trouve le seul nom
d'Ameniritis, précédé de titres parmi lesquels on remarque ceux-ci :
la rectrice du Sud et du Nord, la royale sœur (du roi)..... *vivant à toujours,
la royale fille* (du roi)..... *le justifié* (mort). On voit par là que si les deux
cartouches nous étaient arrivés intacts, la statue de Karnak posséderait le
double avantage d'être une œuvre d'art remarquable et un monument
d'un intérêt historique et généalogique que personne ne saurait contester.
Un scarabée de Gournah et diverses inscriptions trouvées dans la chapelle
qui servait d'abri à la statue, nous aident heureusement à combler les
lacunes que je viens de signaler. Le scarabée porte en effet en toutes
lettres, *la divine épouse* Ameniritis, *fille de Koschet,* ou *Kaschta;* quant

____

(1) Diodore, I, 67. Conf. Hérodote, II, 30.

aux légendes de la chapelle, elles ne laissent aucun doute sur le nom à restituer dans le premier des cartouches cités plus haut, et c'est sans la moindre hésitation que je lis la forme entière : *la royale sœur de Ra-néfer-ké* (prénom de Sabacon), *vivant à toujours, la royale fille de Kaschta, le justifié.* Ainsi la reine Ameniritis était sœur de Sabacon, et ces deux personnages eurent pour père un roi éthiopien qui s'était appelé Kaschta. Un dernier renseignement que nous ne devons pas oublier d'enregistrer, c'est que la statue a été érigée en l'honneur de la reine alors que Sabacon existait encore, ce qui ne prouve pas que ce prince fût à ce moment roi d'Égypte, puisque l'abdication du monarque éthiopien est un événement dont la tradition classique nous a conservé le souvenir.

Pour en revenir à Piankhi, nous savons déjà qu'il épousa notre reine Ameniritis, et qu'il eut une fille que Psammitichus Ier prit pour femme. Comme Ameniritis était elle-même de sang éthiopien (1), il faut renoncer à voir dans Piankhi un prétendant cherchant à s'assurer des droits légitimes à la couronne de l'Égypte, par son mariage avec une princesse héritière des anciens rois thébains. Tout au contraire Piankhi, en se mariant à la fille de l'Éthiopien Kaschta et à la sœur de Sabacon, loin de renier son origine étrangère, l'affirmait en quelque sorte, et semblait par là de plus en plus repousser ces vrais prétendants à la double couronne, que Manéthon nous a fait connaître sous les noms de Stephinatès, de Nechepsos et de Néchao.

On se rappelle qu'entre Sabacon et Piankhi l'histoire place deux règne successifs, celui de Sabatoka (le Séva de la Bible) qui régna douze ans, et celui de Tahraka qui, selon une stèle de Sérapéum, aurait passé au moins vingt-six ans sur le trône. Trente-huit années (en prenant le chiffre le plus bas) se seraient ainsi écoulées entre le jour où la reine Ameniritis plaçait dans le temple de Karnak la statue d'albâtre que nous possédons, et le jour où, avec Piankhi, elle s'emparait à Thèbes des insignes du pouvoir souverain. Mais l'invraisemblance que l'arrangement de ces chiffres donne au fait en lui-même, disparaît si l'on réfléchit qu'Ameniritis, déjà femme sous Sabacon, avait pu épouser Piankhi avant que celui-ci devînt roi, et donner le jour, sous Tahraka, à la princesse qui devait plus tard épouser le chef de la dynastie saïte. Les renseignements nouveaux que les monuments du musée du Caire nous fournissent sur cette époque agitée, ne rendent donc pas impossible la reconstruction de la dynastie éthiopienne telle qu'elle est admise aujourd'hui, et si ces renseignements nous forcent à modifier quelques-unes de nos idées sur les tendances politiques des personnages en présence desquels nous venons de nous trouver, tout au moins ils ne nous obligent pas à oublier ce que vous nous avez appris sur la succession des rois que l'histoire doit désormais placer entre l'unique souverain de la xxive dynastie et le premier de la xxvie.

J'ai eu occasion de nommer souvent dans cette lettre la princesse

---

(1) Ainsi s'explique l'Ἄμμερις Αἰθίοψ d'Eusèbe.

emme de Psammitichus, et il est incontestable que cette princesse, qui
'appelait Schapenap, était la fille de Piankhi et d'Ameniritis. Mais la même
ertitude ne s'attache point à la filiation d'une autre princesse, nommée
Moutiritis, qui, selon vous (1), aurait été, comme Schapenap, une fille
issue du mariage de la reine et du roi Éthiopien. Toute cette généalogie
de Moutiritis repose, en effet, sur une restitution des syllabes *Piankh* dans
e cartouche martelé d'une stèle du Louvre où on ne lit plus que
.....*i*. Or j'ai plusieurs fois rencontré cette légende sur les monuments
(entre autres sur un vase que possède le musée du Caire), et toujours
elle s'est présentée sous la forme que lui donne la stèle du Louvre, c'est-à-
dire qu'à chaque fois la voyelle finale .....*i* a été seule respectée. Que
conclure de ce fait? Quand, pour une cause quelconque, on fait gratter sur
les monuments publics le nom d'un roi, il est naturel de penser qu'on
efface ce nom tout entier, sans prendre le soin d'en conserver la plus in-
signifiante syllabe. Cette seule remarque tranche, à mon avis, la difficulté.
Dans le cartouche du Louvre, ce n'est pas le nom du roi qu'on a voulu
faire disparaître; et en effet, du moment où la justice des contemporains a
décidé que la mémoire de Piankhi serait poursuivie jusque dans son nom,
il n'y a pas de raison pour expliquer qu'à une partie seule du cartouche se
serait adressée l'injure du martelage. Si ces vues étaient admises, Piankhi
ne serait donc pas le roi de la stèle du Louvre et du vase du Caire. Je
sortirais des bornes de cette lettre si j'entrais à ce sujet dans de plus longs
développements : tout ce qu'il importe de faire remarquer, c'est, en premier lieu que, selon les usages constants des monuments, le nom qui
entrait dans la composition du cartouche effacé est un nom divin ; en
second lieu, que ce nom pourrait bien être celui du dieu Set, ce qui nous
amènerait immédiatement au Séthos d'Hérodote, transporté par l'Africain
à la fin de la xxiii⁰ dynastie, sous la forme Ζήτ. En somme, bien qu'aucune
certitude ne s'attache à ces faits ainsi présentés, je ne m'étonnerais pas si
des découvertes ultérieures nous révélaient quelque roi ainsi nommé :
Ramenkheper Séti, dont nous ne pouvons ici que soupçonner l'existence.
Quant à la princesse Moutiritis, je n'ai pas besoin d'ajouter que, dans
l'hypothèse que je soutiens, elle doit être rayée du tableau généalogique
de la famille de Piankhi et d'Ameniritis.

Après ce qui vient d'être dit, il devient très-vraisemblable que Piankhi
doit prendre sa place entre Psammitichus et Tahraka. Mais d'un autre
côté, il résulte de l'assertion combinée d'Hérodote et de Diodore, qu'il faut
avec non moins d'évidence introduire entre ces deux mêmes souverains
les quinze ans du règne des douze rois associés, précédés peut-être de
deux autres années d'anarchie. Or une stèle du Sérapéum nous montre
un Apis, né l'an 26 de Tahraka et mort l'an 20 de Psammitichus. Quant à
l'âge du taureau à sa mort, il était de 21 ans. Je sais que la traduction *a
fait* (sa vie) *en vingt et un ans*, pour la phrase *ari en renpc* 21, qui termine

(1) *Fouilles de M. Greene*, p. 44.

le texte de l'épitaphe de Sérapéum, a été contestée; mais la stèle d'un nommé *Besmout*, découverte à Gournah, et où la durée de la vie du défunt est exprimée par *ari en renpe* 99, *a fait* (sa vie) *en quatre-vingt-dix-neuf ans*, fait voir que la formule de notre épitaphe, loin d'être une répétition inutile d'une date déjà connue, contient la mention de la durée de l'existence du taureau divinisé. Né en l'an 26 de Tahraka, mort en l'an 20 de Psammitichus, l'Apis du Sérapéum avait donc à sa mort vingt et un ans, et, par conséquent, la première année de Psammitichus confine à la dernière de Tahraka, sans interrègne possible. Faut-il pour cela supprimer, et la dodécarcnie, et le règne de Piankhi? Nullement. Piankhi, marié à la sœur de Sabacon, a pu, dès le règne de Tahraka, mettre en avant les droits qu'il tenait de sa femme, regarder comme un usurpateur Tahraka, qu'aucun lien du sang n'attachait au fondateur de la dynastie éthiopienne, et le jour où il fut proclamé roi, compter ses années de règne de l'année où il déclara sa compétition au trône. L'an 21 de la stèle de Gebel-Barkal ne prouve donc rien contre le rang chronologique de Piankhi, et si l'on réfléchit qu'à son tour Psammitichus, englobant dans son règne une partie du règne de Piankhi, recula sa première année jusqu'à la chute de Tahraka, on concevra qu'entre deux souverains que la stèle du Sérapéum fait paraître immédiatement voisins, il y ait place pour le mari d'Ameniritis. Même observation en ce qui concerne la dodécarchie. Que l'anarchie signalée par Diodore ait commencé après Tahraka, que ces troubles aient été suivis de l'accession au trône des douze rois qui s'y maintinrent quinze ans, que même (ce qui semblerait résulter de quelques indications contenues dans la stèle de Gebel-Barkal), Piankhi ait régné à Thèbes, pendant que le gouvernement des provinces plus septentrionales était entre les mains des douze associés, c'est ce qui est probable; mais il est en même temps certain qu'après avoir détrôné les onze rois, Psammitichus prit pour lui toutes les années qui s'étaient écoulées depuis Tahraka. La stèle du Sérapéum, en rapprochant les deux règnes, peut donc servir à constater les droits que Psammitichus prétendait avoir à la couronne égyptienne; mais elle ne peut, sous prétexte de manquer de place, nous obliger à transporter à une autre époque, et Piankhi, et les douze rois. En définitive, l'étude des monuments contemporains nous aide à faire sortir peu à peu de l'obscurité dans laquelle ils sont encore en partie plongés, les événements politiques qui marquèrent la xxv⁰ dynastie, et s'il me fallait résumer ici le tableau que présente cette époque difficile, je montrerais d'une part, relégués dans quelque coin ignoré de l'Égypte, les trois rois (1) qui durent à des circonstances encore inexpliquées d'avoir été regardés comme les légitimes héritiers du trône, et d'autre part, je mettrais en évidence la dynastie conquérante des Éthiopiens, dont Psammitichus, que quelques-uns regardent comme un

---

(1) Stéphinatès, Nechepsos et Néchao. La rencontre signalée plus haut du premier de ces noms avec *Tafnta* est sûrement fortuite.

Libyen d'origine, annula tous les droits en épousant la fille du dernier de ses souverains. Quant à la dodécarchie, à ne considérer que les noms propres Scheschonk, Nemrod, Osorkon, Ouapout, qui appartiennent aux principaux des personnages que la stèle de Gebel-Barkal nous montre prosternés aux pieds de Piankhi, j'y verrais la renaissance d'un parti dont il n'est pas impossible de retrouver l'esprit et les tendances sur les monuments du temps. Que l'on étudie en effet les stèles nombreuses de la xxiie dynastie que nous a livrées le Sérapéum; que l'on compare celles qui furent contemporaines de Bocchoris, celles dont les règnes de Tabraka et de Psammitichus Ier ont enrichi la tombe d'Apis. Sous les Bubastites, les Sargon, les Tiglath, les Nemrod se trouvent à chaque pas parmi les visiteurs du Sérapéum, et on ne les rencontre pas moins fréquents sous Bocchoris. Sous la dynastie éthiopienne, l'influence qui imposait aux habitants de Memphis des noms sémitiques disparaît tout à coup pour se laisser voir de nouveau sous la dodécarchie, tandis que les monuments de Psammitichus n'en offrent plus de traces. Il y a là comme une preuve vivante des agitations intérieures qui, durant cette période, troublaient le pays. Non pas que l'Égypte combattît alors pour donner la couronne à un roi sorti de son sein; mais par les noms propres que l'on voit en quelque sorte surgir à la surface des événements, on s'aperçoit que, depuis le jour fatal où les grands-prêtres ruinèrent la maison des Ramsès, les luttes ne sont plus qu'entre les étrangers qui se disputent la couronne des Pharaons. Sémitique sous la xxiie et la xxiiie dynastie, éthiopienne sous la xxve, l'Égypte devient de nouveau sémitique sous les douze rois. Avec Psammitichus elle ne se retrouve pas encore elle-même, et si l'origine étrangère de ce prince était contestée, on n'en trouverait pas moins, admis aux côtés du roi, ces « hommes d'airain sortis de la mer » auxquels Psammitichus devait sa couronne. Sous la xxviie dynastie, l'Égypte tour à tour sémitique et éthiopienne, devient persane. Plus tard les Grecs, puis les Romains, lui imposent leur joug. Dès l'époque à laquelle nous remontons avec la stèle de Gebel-Barkal, l'Égypte offre donc au monde le spectacle que depuis lors elle n'a presque jamais cessé de lui donner : celui d'un peuple qui ne s'appartient pas.

Telles sont, Monsieur, les réflexions générales que me suggère la stèle de Gebel-Barkal. C'est à vous maintenant qu'il appartient d'approfondir cet intéressant sujet. Pour moi, obligé de faire face à tous les travaux que l'activité du nouveau règne m'impose, je n'ai pour ainsi dire pas assez de mes journées pour mener de front les services dont je suis chargé. C'est vous dire que si, à votre tour, vous ne pouviez publier l'inscription nouvelle dont je vous envoie le dessin, je serais forcé de faire attendre quelque temps encore à nos confrères en égyptologie, un monument que vous leur ferez connaître bien plus complétement que moi.

Agréez, Monsieur, etc.

PARIS — TYP. PILLET FILS AÎNÉ.

QUATRE PAGES

DES

ARCHIVES OFFICIELLES

DE L'ÉTHIOPIE

Extrait de la *Revue archéologique*

Les égyptologues apprendront avec satisfaction que les cinq grandes stèles de Gebel-Barkal sont enfin arrivées au musée de Boulaq. J'avais craint pour un moment que la difficulté de faire franchir plusieurs cataractes à ces lourds monuments, ne décourageât les agents chargés de leur transport, et que nous fussions forcés de renoncer à l'avantage de les posséder ici. Le voyage s'est heureusement accompli sans accident, et les cinq stèles sont en ce moment à Boulaq, désormais à l'abri de toute destruction.

Deux d'entre elles sont d'un style très-clair et faciles à lire. Mais la copie des trois autres exigeait l'œil exercé d'un égyptologue. C'est mon savant collègue M. Devéria, qui a bien voulu se charger de cet important travail, et c'est grâce à lui que je puis vous en envoyer une analyse succinte.

Les stèles de Gebel-Barkal ont cela de curieux que, bien qu'écrites en hiéroglyphes, elles ne sont pas égyptiennes. Que depuis la vi^e dynastie au moins jusqu'aux premiers règnes de la xviiie, il y ait eu dans la Haute-Nubie un ou plusieurs royaumes couschites indépendants; c'est, je crois, ce qui n'est pas contestable. Que sous les Thoutmès, la plus importante partie de ces royaumes ne soit plus devenue qu'une province de l'empire des Pharaons, c'est encore ce qui est hors de doute. Mais à partir de la xxiie dynastie et peut-être même de la xxie, cette Éthiopie égyptianisée se détache de l'Égypte, et forme à coté d'elle une sorte de Belgique, parlant la même langue officielle, honorant les mêmes dieux, se servant de la même écriture,

pratiquant les mêmes arts. A cette seconde civilisation éthiopienne, si puissante qu'à son tour elle a quelquefois compté l'Égypte au nombre de ses provinces, appartiennent les cinq stèles de Gebel-Barkal.

Je n'ai rien à dire de l'inscription de Piankhi Meri-Amen, la première comme date, comme longueur de texte, comme importance historique et géographique, comme beauté de gravure. L'analyse de ce premier texte a déjà été faite (mieux certainement que je ne la pourrais faire), par M. de Rougé. Je n'ai donc point, quant à présent, à y revenir.

Mais il n'en est pas de même des quatre autres stèles. Nous n'y trouvons sans doute pas l'intérêt exceptionnel qui s'attache à l'inscription de Piankhi. Elles ont cependant assez d'importance pour que j'en esquisse dès à présent le sens général. Le texte paraîtra bientôt : il doit occuper les quatorze dernières planches du premier volume de mes fouilles, en voie d'exécution.

I

La plus ancienne des quatre stèles, après le monument de Piankhi, est celle où on lit l'inscription du roi éthiopien *Amen-(Meri ?) Nout*.

Amen-meri Nout est déjà connu par une pierre employée dans les matériaux d'une construction chrétienne au temple de Louqsor, et aujourd'hui conservée je crois, au Musée de Berlin. Il régna par conséquent en Égypte. A l'époque de la domination éthiopienne, les songes jouèrent un grand rôle dans les affaires politiques du temps. Sabacon effrayé par un songe, se décida à quitter l'Égypte. Le prêtre-roi Séthos sur la foi d'un autre songe, attaque Sennachérib campé avec son armée devant Peluze. C'est aussi sur des révélations obtenues dans un songe qu'Amen-meri Nout devient roi.

« L'an de son intronisation comme roi, dit le texte, le roi (1) vit « en rêvant pendant la nuit deux serpents, l'un à sa droite, l'autre à « sa gauche ; et quand il se réveilla, il ne les trouva plus. Qu'on « m'explique cela à l'instant, dit-il. Et voici qu'on lui expliqua en di-« sant : que le pays du sud soit à toi, et que tu prennes possession du « pays du Nord, afin que les deux diadèmes rayonnent sur ta tête, « et que le pays tout entier soit à toi. »

L'allusion est évidente. Les rois éthiopiens portent sur le front

____

(1) Qui n'était alors que prétendant.

deux uræus, symboles de leurs prétentions sur l'Égypte et l'Éthiopie. Les deux serpents du songe n'apparaissaient à Amen-meri Nout que comme l'annonce de sa future élévation. Aussi à la ligne suivante (lig. 6), voyons-nous « qu'en cette année, Sa Majesté monta sur le « trône d'Horus. »

Mais ces six premières lignes ne sont que l'énoncé du sujet général de la stèle, une sorte de sommaire du récit. Nous y apprenons en premier lieu qu'un songe avertit Amen-meri Nout qu'il sera roi; en second lieu qu'à la suite de ce songe, Amen-meri Nout réussit à ceindre la double couronne. Le dénouement de l'action nous est ainsi connu d'avance. Mais il nous reste à en apprendre les circonstances intermédiaires. Dans ce qui va suivre, nous allons donc voir Amen-meri Nout marchant à la conquête de ces deux trônes promis à son ambition.

Le premier soin du prétendant est naturellement de se concilier Noph (Napata ou Gebel-Barkal), capitale du royaume. Il y réussit. « Lorsque sa Majesté arriva à Noph, lisons-nous à la ligne 7, per- « sonne ne s'opposa à sa marche. Sa Majesté étant entrée dans le tem- « ple d'Ammon de Noph, son cœur fut satisfait lorsqu'il eut vu son « père Ammon. »

Après l'énumération des fondations pieuses établies en faveur du dieu de Napata, la stèle nous fait assister au départ du roi vers le pays du Nord. Chemin faisant, en un lieu qui n'est pas nommé, il vénère « plus que tous les autres dieux, celui dont le nom est ca- « ché. » Il arrive ensuite à Éléphantine. Là il adore Chnouphis. « Il « lui fait une riche offrande, il donne des pains et des liquides aux « dieux de la Cataracte. Il consacre l'eau dans sa source. »

De là le roi pénètre dans le nôme thébain. Arrivé à Thèbes dans le temple d'Ammon-Ra, seigneur des trônes du monde, il reçoit le prophète *Sent-our* (?), avec les quatres *Ounnout* (?), qui lui apportent les fleurs *ankh* de « celui dont le nom est caché (1)..... et le cœur de Sa Majesté était en joie après avoir vu ce temple. Comme à Napata et à Éléphantine, il institue des panégyries.

Puis il continue sa marche vers le Nord. « Lorsque le roi navigua « vers le nord (lig. 14), l'Ouest et l'Est poussaient des cris de joie, et « on disait : que ta marche s'accomplisse en paix, que la paix soit à « ta personne et que ta personne fasse vivre le pays, (que tu ordonnes)

(1) Ce sera *du lierre*, si « celui dont le nom est caché » est Osiris. Plutarque nous apprend, en effet, que les Égyptiens appelaient le lierre ,γενόσιρις (*anKH-eN-Osiris*).

« de restaurer les temples qui vont à leur ruine, d'établir leurs sta-
« tues et leurs figures, d'installer les divines offrandes aux dieux et
« aux déesses, ainsi que les offrandes funéraires aux morts, de sanc-
« tifier l'homme en son lieu….. » et le texte ajoute: « ce que
« leur cœur avait conçu en hostilité fut changé en joie (1). »

Cette partie du récit est remarquable. Les promesses faites au roi,
reçoivent un commencement d'exécution. Évidemment il est déjà roi
d'Éthiopie. Reste l'Égypte à conquérir. Mais à Thèbes, les popula-
tions d'abord hostiles se soumettent. Bien plus, aux paroles que nous
leur entendons prononcer, et qui sont à peu près celles que nous retrouverons sur la stèle suivante au moment où les officiers réunis en
conseil acclament un roi, nous voyons que Thèbes et son territoire
n'élèvent devant les prétentions d'Amen-meri Nout aucune opposition.

Il n'en sera plus de même dès que l'envahisseur étranger se pré-
sentera devant Memphis. Là il rencontre une certaine résistance.
Une bataille est livrée, et il est fait un grand carnage « de ces fils de
« l'inimitié qui étaient venus pour combattre avec Sa Majesté. » Cependant Memphis est prise, et à la ligne 17 nous voyons le vainqueur
entrant dans le temple de Phtah, réglant les offrandes à faire aux
dieux, et décrétant deux nouvelles constructions. « Sa Majesté (lig. 18)
« donna ordre au … de lui bâtir une salle hypostile à neuf, car il
« n'en trouva pas de convenable d'aucune époque. Sa Majesté la fit
« construire de pierres revêtues d'or. Il la garnit de bois de cèdre.
« Il l'orna de pierres d'Arabie. Les portes étaient (revêtues) d'or, et
« les ferrures étaient de plomb. Et il fit bâtir une autre salle en avant
« de celle-ci pour fournir le lait (mot douteux) à ses nombreux tau-
« reaux au nombre de 116….. » Quant aux vaches et aux jeunes
bœufs ajoute le texte, on n'en connaît pas le nombre.

Avant d'aller plus loin, remarquons que jusqu'ici aucun roi, autre
que le prétendant lui-même, n'a été nommé. Cette omission est si-
gnificative. Les habitudes des textes hiéroglyphiques sont telles que
si Amen-meri Nout s'était rencontré, soit en Éthiopie, soit en Égypte,
avec un roi de l'une ou de l'autre de ces contrées, la stèle n'aurait
pas manqué de nous le dire. La vraie position d'Amen-meri Nout
se dessine par là de plus en plus. C'est sans aucun doute, au moment
où le trône est devenu vacant, que les deux serpents se montrèrent

à lui. Mais ce trône vacant en même temps en Égypte et en Éthiopie, laisse supposer que le roi qui venait de mourir, était souverain des deux royaumes à la fois. Ce qu'Amen-meri Nout revendique; ce n'est donc rien autre chose que l'héritage complet de celui auquel il aspire à succéder.

Mais Memphis prise, la guerre n'est pas terminée. « Les fils de « l'inimitié » se sont réfugiés dans le Nord, et se cachent « derrière « leurs portes. » Le roi marche contre eux et les poursuit jusqu'aux pieds de leurs murailles. « Sa Majesté resta longtemps devant eux ; « mais pas un ne sortit pour combattre avec Sa Majesté. »

Empêché par des circonstances que nous ignorons, par l'inonda-tion peut-être, d'attaquer l'ennemi dans ses villes, le roi revient alors à Memphis. « Assis dans son palais (lig. 26), il songea à faire « marcher (de nouveau) ses soldats, » quand on vient lui annoncer que les chefs ennemis se présentent. « Sont-ils venus, s'écrie le roi, « pour combattre, ou sont-ils venus pour être mes esclaves? Alors « je leur accorderai la vie à l'instant. Ils sont venus pour être les « esclaves de notre seigneur lui répond-on. » Amen-meri Nout adresse alors une invocation au dieu de son pays: « Mon maître, dit-« il, ce dieu Auguste Ammon-Ra, seigneur des trônes du monde, qui « réside à Noph, c'est le grand dieu bienfaisant envers celui qui con-« naît son nom. Il se manifeste en songe à celui qui l'aime. Il donne « sa force à celui qui est selon son cœur... Voyez ! ce qu'il m'a dit « la nuit, je l'ai vu le jour !...» Des lacunes nombreuses interrom-pent ici la narration; mais on voit que le roi continue à remer-cier le dieu de Napata de sa protection. Puis les généraux vaincus sont introduits, suppliants et prosternés jusqu'à terre devant leur nouveau maître. A leur tête s'avance *Pi-ker*..., chef de Supti-Her, ville du nôme arabique, qui prend la parole en ces termes: « Tu « massacres qui tu veux, tu fais vivre qui t'aime! » Et tous les autres se joignant à leur chef, s'écrient: « Accorde-nous le souffle « de la vie. Celui que tu ne reconnais pas ne vit plus. Soyons ses « esclaves comme ceux qui sont à côté de lui. .... »

Le récit qui forme le dénouement de cette campagne occupe les cinq dernières lignes. « Entendant ces paroles, le roi est satisfait « dans son cœur. » Les chefs de la Basse-Égypte lui offrent des pains, des liquides, des dons de toutes sortes. En échange, le roi leur accorde pour y demeurer comme ses sujets, leurs villes du Nord, et lui-même désormais roi d'Égypte et d'Éthiopie, s'en retourna à Na-pata chargé des trophées de ses victoires.

Tel est celui des monuments éthiopiens du Musée, qui, comme

ancienneté, figure après la grande stèle de Piankhi. J'en ai indiqué le caractère général d'une manière assez complète pour n'avoir plus besoin d'y revenir. Quant à l'époque à laquelle il remonte, nous ne pouvons, en l'absence de preuves vraiment concluantes, que la fixer conjecturalement.

Pourtant les circonstances particulières au milieu desquelles nous venons de voir Amen-meri Nout intervenir, donnent quelque poids à l'opinion qui ferait de ce prince un contemporain des dernières années de la xxvᵉ dynastie. Diodore, en parlant du départ de Sabacon, ce qu'il faut entendre de la fin de la dynastie éthiopienne, s'exprime ainsi : « Il y eut ensuite en Égypte une anarchie qui dura deux « ans, pendant lesquels le peuple se livrait aux désordres et aux « guerres intestines. Enfin douze des principaux chefs tramèrent « une conspiration. Ils se réunirent en conseil à Memphis, et s'étant « engagés par des serments réciproques, ils se proclamèrent rois..... « Mais, au bout de quinze ans, le pouvoir échut à un seul..... » Est-ce dans ces deux années d'anarchie qu'il faut placer la campagne d'Amen-meri Nout? Je suis porté à le croire, et en effet toutes les circonstances du temps conviennent au récit que nous avons analysé. Le roi qui vient de mourir est Tahraka. Tahraka n'a pas laissé d'héritiers directs. Aussi Amen-meri Nout n'a pas de concurrents ; mais cette anarchie dont parle Diodore règne dans la Basse-Égypte, et elle a déjà même gagné Memphis. Amen-meri Nout la fait tourner à son profit. C'est donc aux deux premières des dix-sept années de troubles qui suivirent la mort de Tahraka, que nous rapporterions les événements dont la stèle de Gebel-Barkal nous a conservé le souvenir.

Je me hâte d'ajouter cependant que, si tentante que puisse être cette attribution, je me garde bien de la présenter comme définitive. Depuis quelque temps les monuments nous ont donné tant de leçons, qu'un premier mouvement nous conseille presque toujours le doute. Ne serait-il pas possible, par exemple, que notre roi Amen-meri Nout, loin d'être contemporain de l'anarchie, ait vécu, comme le Piankhi de la première stèle de Gebel-Barkal avant Sabacon? La divergence des récits grecs sur cette période nous montre que là encore des dissensions profondes ont agité l'Égypte, et quand nous voyons Diodore et Plutarque donner pour prédécesseur à Bocchoris (xxivᵉ dynastie), un Tnéphachtus dont ne parle pas Manéthon, quand nous voyons Hérodote placer entre ce même Bocchoris et Sabacon, un Anysis également inconnu, qui, à l'époque du roi éthiopien, s'enfuit dans les marais, nous sommes autorisé à penser qu'au milieu de tout cela, deux ou trois ans peuvent bien se rencontrer pendant lesquels l'Égypte, livrée soit à elle-même, soit à un roi qui, comme Anysis l'abandonne, fut conquise par Amen-meri Nout. Il en serait ainsi de cette campagne comme de celle de Zérach, l'Éthiopien qui, sous la XXIIᵉ dynastie, alla combattre jusqu'en Palestine le roi de Juda. Certes rien de mieux assis, grâce à l'enchaînement des textes du Sérapéum, que la suite des rois de la XXIIᵉ dynastie. Il faudra cependant que tôt ou tard nous trouvions une place pour le passage à travers le tissu serré de cette époque des armées de Zérach. Il en serait de même pour un autre temps d'Amen-meri Nout. L'époque de la campagne racontée par la stèle de Gébel-Barkal, sera donc, comme je le crois, celle de l'anarchie de Diodore; mais on voit par les considérations précédentes, qu'elle peut presque aussi bien se rattacher à d'autres troubles.

En somme, on peut se croire autorisé par ces considérations à proposer la fin de la XXVᵉ dynastie pour l'époque à laquelle remonte la stèle de Gebel-Barkal; et, si ces vues étaient admises, je diviserais de la manière suivante, les règnes qui partagent cette famille royale, et le commencement de la suivante:

1° En tête de la dynastie éthiopienne se place Sabacon; le Σαϐάκων de Manéthon, le *Scha-ba-ka* des monuments. L'attention du public savant vient d'être attirée sur un travail de M. Brugsch, intitulé *Aethiopica* (1), travail où il est démontré d'une part que, dans les textes éthiopiens, les noms propres sont presque toujours significatifs; d'autre part que, dans ces mêmes textes, l'article est exprimé par la syllabe *ka* qui se place à la fin du mot. *Scha-ba-ka* se lira donc sans l'article *Scha-ba* ou *Scha-va*, et l'on voit par là, que la Bible et Manéthon ont eu également raison en écrivant ce nom, l'un Σεϐάκων, l'autre *Sua*. Ici, selon la remarque de M. Brugsch, l'article est retranché, il est exprimé là-bas.

2° Après Sabacon vient *Scha-ba-to-ka*, le Σεϐιχὼς de Manéthon. A mon tour, je ferai remarquer que, d'après la règle posée par M. Brugsch, le vrai nom de Sébichos est *schavato*; ou en transcrivant ces deux premières syllabes comme la Bible l'a fait pour Sabacon, *Sua-to*. Sébichos sera donc le roi-prêtre, qui, selon Hérodote, succède à Sabacon, et dont cet historien nous fait connaître le nom sous la forme à peine altérée de Σεϐώς.

3° Tahraka succède à *Scha-va-to-ka*, et c'est sous ce prince qu'aurait eu lieu, selon la Bible, cette campagne de Sennachérib,

____

(1) Voy. le *Zeilschrift für allgemeine Erdkunde*, 2ᵉ série, vol. **XVII**.

qu'Hérodote place sous Séthos. A l'aide d'une formule que nos stèles de Gébel-Barkal nous aident à mieux comprendre, j'espère réussir à prouver que Tahraka régna vingt-six ans, et que les cinquante-quatre ans de Psammétichus Ier commencent immédiatement après la vingt-sixième année de ce roi. Psammétichus étant monté sur le trône en 665, Tahraka aurait donc commencé à régner en 691. A la vérité, les listes officielles représentées par Manéthon, n'accordent à Tahraka que vingt ans de règne, tandis que les monuments du Séra-péum nous donnent son cartouche accompagné de l'an 26. Mais, s'il est prouvé que les contemporains reconnurent jusqu'à la fin la légitimité du roi couschite, il est probable que plus tard les annales ne comptèrent ses années que jusqu'au jour ou se révéla Stephina-thès. Les vingt et un ans qui forment la somme des règnes de Stéphina-thès, de Néchepsos et de Néchao, seraient ainsi pris en partie sur le règne de Tahraka, en partie sur celui de Psammétichus I.

4° Quand Psammétichus Ier monta sur le trône (probablement dix-sept ans après la mort de Tahraka), il regarda comme non avenu, tout ce qui s'était fait à ses côtés et avec sa participation pendant ces dix-sept années, et à son avénement même il compta l'an dix-sept; on sait que l'histoire égyptienne offre quelques exemples de faits analogues, notamment sous les Ptolémées. Les dix-sept premières années de Psammétichus comprendraient donc : — du côté des listes officielles, les règnes de Stéphinathès, de Nechepsos et de Nechao Ier, trois rois qui représentèrent pendant vingt et un ans la branche des rois légitimes, et qui probablement ne furent aux Pharaons que ce que Louis XVII et Napoléon II sont aux souverains de la France ; — du côté de l'Égypte et des faits réels répudiés par la tradition natio-nale, les deux ans et les quinze ans de l'anarchie et de la dodécar-chie; — enfin, du côté de l'Ethiopie, les règnes successifs d'Amen-meri Nout et de Piankhi, mari d'Amnèritis, tous deux régnant à Gebel-Barkal et sur une partie plus ou moins étendue du territoire égyptien. En disparaissant, ces deux derniers personnages donnent leur fille Schap-en-ap pour épouse à Psammétichus Ier, qui devient par ce mariage et par l'expulsion de ses onze compétiteurs le souve-rain incontesté de toute l'Égypte.

Voilà quel serait, à mon avis, le rang chronologique que nous devons assigner au roi éthiopien dont la stèle de Gebel-Barkal nous a raconté l'expédition. Si l'on m'objectait que la pierre de Louqsor, dont j'ai déjà parlé, porte la date de l'an 3, et que cette date semble révéler une conquête dont la durée est incompatible avec les dix-sept ans de l'anarchie et de la dodécarchie, je répondrais que sans doute,

Amen-meri Nout n'obtint de succès durable que dans la Thébaïde,
et que, selon toute vraisemblance, la dodécarchie elle-même ne s'est
étendue qu'aux provinces de l'Égypte septentrionale.

En définitive, l'inscription historique du roi Amen-meri Nout,
n'est en principe, que l'histoire d'un changement de règne. Mais la
double circonstance que l'Égypte et l'Éthiopie sont à la fois sans roi,
et que Memphis est livrée à une sorte de coalition de chefs, donnent
à ce récit un caractère particulier et en quelque sorte plus local. Or,
je le répète, si l'on cherche à quelle époque peut le mieux s'adapter
cet état de choses, on trouve qu'aucun temps ne conviendrait mieux
que la fin de la xxve dynastie.

II

La seconde stèle compte trente lignes de texte serré. Avant même
de l'avoir étudiée, j'avais jugé au style seul des hiéroglyphes et au
ton général de la pierre, qu'elle devait appartenir à peu près au
même temps que la précédente.

Les cartouches y ont été partout martelés ; mais les titres qui forment le protocole royal sont intacts. Comme ces titres sont précisément ceux qui précèdent les cartouches du roi *Ra-(nefer ?)-Ka*
Asran (ou *Aslan*) gravés sur une autre stèle que j'ai vue autrefois
entre les mains de Linant-Bey, il s'ensuit que le nouveau texte
éthiopien du Musée est dû à ce roi.

Nous ne sortons pas cette fois de l'Éthiopie, et ce n'est pas sans
regret qu'en parcourant cette longue inscription, nous constatons
que l'Égypte n'y est pas même nommée.

L'élection d'un roi, et le détail des cérémonies qui s'y rapportent
en forment le sujet. Les anciens nous ont parlé de cet oracle de Ju-
piter si vénéré, que « sur ses réponses les Éthiopiens portent la
guerre partout où le dieu le commande et quand il l'ordonne »
(Hérodote). Une pareille influence devait être entre les mains des
prêtres un instrument puissant de domination ; et en effet, nous
savons par Diodore et Strabon, qu'en Éthiopie les prêtres jouissent
d'une si grande « autorité que, lorsqu'il leur en prend la fantaisie,
« ils envoient dire au roi de se tuer. » Dans l'inscription qui va nous
montrer certains fonctionnaires décernant, avec le concours de
l'oracle, la couronne à un roi, nous retrouverons comme un écho vivant de ces traditions.

La stèle est divisée en deux registres.

Au premier, Ammon de Noph, à tête de bélier, est assis sur son trône. Sa main droite tient la croix ansée, sa main gauche repose sur la tête d'un roi agenouillé à ses pieds. Celui-ci a le front orné des deux uræus. La déesse Mout d'un côté, de l'autre une reine debout, l'uræus au front, complètent la scène. La reine a les titres de royale sœur, de royale mère, de régente de Cousch. Le discours qu'elle adresse au dieu, n'est que la répétition des formules banales connues par tant d'autres monuments.

Le second registre débute par la date de l'an 1 et du 25 Méchir du roi Asran. A la ligne 2 le récit commence : « Voici que tous les sol- « dats de Sa Majesté (sont réunis) dans l'intérieur de la ville nommée « la Montagne Sainte. Le dieu qui y est adoré est *Tetoun dans*..... « *set*. C'est le dieu de Cousch (Voici que tous les soldats de Sa Ma- « jesté sont réunis) pour établir l'épervier (c'est-à-dire un roi) sur « son trône. Voici qu'il y avait six officiers du nombre des soldats qui « étaient pleins d'amour (pour le roi ?), et il y avait six (autres) offi- « ciers, chefs des *Khet*, qui étaient pleins d'amour (pour le roi). Et « voici qu'il y avait des hiérogrammates qui étaient pleins d'amour « au nombre de six. Et voici qu'il y avait des chefs..... de la mai- « son royale au nombre de sept. Pour lors, ils (ces vingt-cinq « personnes) dirent à tous les soldats : Allons! couronnons notre « maître semblable au taureau qui n'a jamais été battu (?). Ces sol- « dats furent grandement émus, en disant : que notre maître vienne « avec nous sans que nous le connaissions, et nous le connaîtrons à « présent (?); nous irons avec lui, nous serons ses serviteurs comme « le monde est le serviteur d'Harsiésis après qu'il s'est assis sur le « trône de son père Osiris; nous rendrons hommage à sa double cou- « ronne... »

Il s'agit, comme on le voit, de choisir un roi dans les rangs de l'armée. Les soldats ne le connaissent pas. Mais il est parmi eux, et c'est à eux de le désigner, probablement par l'entremise de leurs chefs et en allant consulter le dieu.

Nous sommes à la ligne sept, et alors estrappelé un long entretien des soldats entre eux qui se continue jusqu'à la ligne quatorze. Cette partie du texte est confuse et méritera plus tard un sérieux examen. J'ai noté les passages suivants : « Lorsque chacun d'eux eut parlé « à son voisin, personne n'en sut rien, excepté le dieu Ra lui- « même..... Et l'un d'eux dit à l'autre : C'est vrai! que ceci arrive « par la (volonté de) Ra. Depuis l'existence du ciel, depuis l'exis- « tence de la couronne royale, il la donne à son fils qui l'aime. « Parce que le roi, c'est l'image de Ra parmi les vivants..... Et « voici que l'un dit à l'autre : voici que le soleil se couche, et la cou-

« ronne est encore au milieu de nous..... Pour lors, tous les soldats
« furent émus en disant à notre maître : Pars avec nous sans que
« nous le connaissions. Et tous les soldats de Sa Majesté dirent d'une
« seule voix : ce dieu Ammon-Ra, seigneur du trône du monde, qui
« réside à la Montagne Sainte (Gebel-Barkal), n'est-il pas le dieu de
« Cousch ? Allons ! marchons vers lui..... C'est le dieu des rois de
« Cousch depuis le temps du dieu Ra. Il donne (la royauté) au fils
« qui l'aime..... Rendons-lui hommage, prosternons-nous devant
« lui en disant : nous sommes venus vers toi, afin que tu nous donnes
« notre seigneur pour nous faire vivre, pour construire les temples
« des dieux et des déesses du pays du Nord et du pays du sud, et
« pour établir leurs offrandes..... »

Je ne dirai pas que ce texte un peu diffus, a été compris dans
toutes ses parties. Les soldats délibèrent. Il faut que le jour même le
roi soit désigné. Mais ont-ils fait un choix qu'ils soumettront à l'oracle ? vont-ils charger leurs officiers d'aller porter au dieu l'expression
de leurs vœux ?

Avec la ligne 14, nous entrons dans une nouvelle phase de l'action
qui se développe devant nous. « Après que tous les soldats eurent
« prononcé ces bonnes paroles....., les officiers de Sa Majesté avec
« les docteurs du palais, entrèrent dans le temple où ils trouvèrent
« les prophètes et les grands prêtres, allant et circulant dans le tem-
« ple, et ils leur dirent : qu'Ammon-Ra qui réside dans la montagne
« sainte apparaisse ! qu'il nous donne notre maître pour nous faire
« vivre, pour construire des temples à tous les dieux et à toutes les
« déesses et pour établir leurs offrandes ! nous ne voulons pas dis-
« cuter sans ce dieu ; que ce soit lui qui nous guide. »

Les officiers et les docteurs du palais se réunissent donc pour consulter l'oracle. C'est aux prêtres de les amener en présence du dieu.
C'est à eux d'accomplir toutes les cérémonies préalables, dont le
détail est énuméré à la ligne 16. Après quoi, les délégués de l'armée
sont introduits dans le sanctuaire.

Le discours qu'ils adressent au dieu n'est que la répétition de
celui que nous leur avons déjà entendu prononcer : « nous sommes
« venus vers toi, ô Ammon-Ra, seigneur des trônes du monde, qui
« résides à Noph. Donne-nous un roi pour nous faire vivre, pour
« bâtir les temples des dieux du pays du Nord et du pays du Sud,
« pour établir leurs divines offrandes... Donne (la royauté) à ton
« fils qui t'aime. »

On fait alors entrer ceux que le texte appelle les *sujets royaux*;
mais l'oracle n'en choisit aucun. A la deuxième fois, on amène le

« fils royal, fils de Mout, dame du ciel, le fils du Soleil (Asran),
« vivant à toujours. » Le dieu alors s'écrie : « Lui, qu'il soit votre
« maître. Lui, qu'il vous fasse vivre. Lui, qu'il construise les temples
« du pays du Nord et du pays du Sud. Lui, qu'il établisse leurs di-
« vines offrandes. C'est lui, c'est mon fils, le fils du soleil (Asran), le
« proclamé juste. La mère, c'est la royale sœur, la royale mère, la
« régente de Cousch, la fille du Soleil....., vivante à toujours.
« La mère (de celle-ci), c'est la divine étoile d'Ammon-Ra, roi des
« dieux, à Thèbes....., la proclamée juste..... » Et ainsi de suite
jusqu'à une septième aïeule à laquelle le monument donne, outre le
titre de royale sœur commun à toutes les reines, celui de régente
de Cousch.

L'importance accordée aux reines dans l'organisation politique de
l'Éthiopie, est le premier fait que cette énumération mette en évidence. Or, remarquons encore qu'une de ces reines, la grand'mère
du nouveau roi, avait été prêtresse d'Ammon dans un des temples
de Thèbes : deux générations seulement avant le souverain inconnu
que nous venons de voir monter sur le trône, l'Éthiopie possédait
donc au moins la partie méridionale de l'Égypte.

Après ces paroles, mises par le rédacteur de la stèle dans la bouche
de l'oracle, « les officiers de Sa Majesté, dit le texte, avec les fonc-
« tionnaires du palais se prosternent devant ce dieu, et baisent plu-
« sieurs fois la terre. Ils lui rendent hommage pour la puissance
« qu'il a donnée à son fils qui l'aime, le roi (Asran) vivant à tou-
« jours. »

L'arrêt ainsi prononcé, Asran est introduit en personne. « Sa
« Majesté entra, lisons-nous à la ligne suivante, et il fut élu en pré-
« sence de son père Ammon-Ra, seigneur du trône du monde. Il
« trouva toutes les couronnes des rois de Cousch, et leurs sceptres
« placés devant ce dieu. » Puis le roi s'écrie : « Qu'Ammon-Ra,
« seigneur du trône du monde, qui réside à la Montagne sainte,
« vienne à moi..... que tu me donnes la couronne, en me mon-
« trant par là l'amour de ton cœur. » A quoi le dieu répond : C'est à
« toi qu'est la couronne de ton père le roi. .... le justifié. Sa puis-
« sance est sur ta tête, semblable à Ammon. Les deux cou-
« ronnes sont sur ta tête. Son sceptre est dans ta main. Renverse
« tous tes ennemis..... »

Après cet échange de discours, le roi est conduit au palais. On lui
met le sceptre royal dans la main. Puis il se prosterne devant le
dieu, en baisant à plusieurs reprises la terre. « Qu'Ammon-Ra vienne
« à moi, s'écrie-t-il de nouveau... Accorde toute vie stable et pure,

et la force et la joie aujourd'hui comme à toujours, ainsi qu'une longue et heureuse vieillesse ! ...

Cinq lignes entières nous restent encore à analyser. Mais, c'est i que la stèle a le plus souffert. M. Devéria n'avait réussi à y dé- iiffrer que quelques mots plutôt devinés que lus. Je crois bien que examen le plus attentif de la pierre ne nous fera jamais voir davan- ge. La seule phrase un peu complète qu'on rencontre est celle-ci : Lorsque Sa Majesté sortit du temple au milieu de ses guerriers, il était semblable au soleil qui se lève. .... » A l'avant-dernière gne, il est fait mention, semble-t-il, des panégyries à établir à artir de la première année du couronnement du roi. »

Nul ne refusera à ce tableau de l'une des institutions politiques de Éthiopie un puissant intérêt. Ceux que l'inscription appelle les *su-ts royaux*, formaient sans doute la caste au sein de laquelle les ois devaient être choisis. On trouve dans Diodore (III, 5) ce bien cu-ieux passage : « les Éthiopiens ont plusieurs coutumes diffé-rentes de celles des autres nations, particulièrement en ce qui regarde l'élection des rois. Les prêtres choisissent les membres les plus distingués de leur classe, et celui qui est touché par l'image du dieu portée en procession solennelle, est aussitôt proclamé roi par le peuple, qui l'adore et le vénère comme un dieu, comme s'il tenait sa souveraineté d'une providence divine. » Étudiée avec out le soin qu'elle mérite, la stèle d'Asran sera, je crois, le meilleur ommentaire de ce passage de Diodore. En attendant, nous savons éjà qu'en Éthiopie, même quand le roi défunt laissait un héritier de on pouvoir, son successeur était, en principe, soumis à l'élection. Avec le temps, l'application de cette loi n'a plus été, sans doute, qu'une formalité, et le plus souvent l'oracle guidé par les prêtres, n'a dû intervenir que pour légitimer les droits de celui que sa nais-sance appelait au trône. Néanmoins, en certaines circonstances don-nées, un pareil état de choses a pu devenir, entre les mains du prêtre, un puissant moyen d'action, et c'est ainsi qu'en Éthiopie. la caste sacerdotale aurait acquis cette exorbitante autorité qui, selon Diodore et Strabon, la plaçait même au-dessus des rois.

Ces mêmes incertitudes qui nous ont arrêté, quand il s'est agi de fixer la date de l'inscription historique d'Amen-meri Nout se retrou-vent ici. J'ai déjà fait remarquer que le style de la pierre est à peu près celui de l'inscription que nous venons de nommer. La coiffure du roi, les formules employées dans la rédaction des titres royaux, sont en outre autant d'indices qui nous font supposer qu'Asran a sa place marquée quelque part aux environs de la XXVe dynastie. Mais,

au temps où la couronne lui fut décernée, l'Éthiopie, selon toute
vraisemblance, ne possédait pas l'Égypte. L'eût-elle occupée que
nous ne manquerions pas d'en trouver la trace, soit dans les titres de
la reine énumérés au premier registre, soit dans les discours
qu'échangent à tour de rôle le roi et le dieu. S'il me fallait absolument émettre un avis sur l'époque qui fut témoin de l'avénement
d'Asran, je dirais donc qu'il y a plus de chance pour que notre stèle
appartienne au commencement de la xxvie dynastie qu'à aucune
autre époque.

III

La troisième de nos quatre stèles, quoique de beaucoup la plus
courte (elle n'a que dix lignes de texte), est peut-être celle dont le
sujet général est le plus difficile à préciser.

La détermination de l'époque est un autre problème pour la solu-
tion duquel nous ne possédons que de vagues indices. Évidemment,
si nous interrogeons le texte et le mode de rédaction employé, nous
ne trouvons rien qui fasse penser que ce troisième monument soit
d'une autre époque que les deux précédentes. Mais la gravure des
hiéroglyphes a une certaine gaucherie qui nous avertit qu'il leur est
cependant postérieur. Sur ces données, je croirais donc que l'inscription dont nous allons faire l'analyse, prend sa place aux environs de la fin de la xxvie dynastie.

Les trois premières lignes sont occupées par le protocole du roi,
dont les cartouches sont partout martelés. Je traduis littéralement les
deux suivantes : « L'an 2 de son couronnement, étant Sa Majesté sur
« le trône de Seb, il a été ordonné par Sa Majesté, en ce qui regarde
« le temple de son père Ammon de Noph, d'exclure les *Mahoutoui*,
« qui détestent le dieu et qui s'appellent les *Tempesi* et les *Perlet-*
« *hi.....* » L'obscurité commence, comme on le voit, dès le début
de l'inscription. Qu'est-ce en effet que ces *Tempesi* et ces *Pertetkhi*,
compris sous la dénomination générale de *Mahoutoui?* Je trouve
bien les *Mahoutoui* cités dans une inscription expliquée par M. de
Rougé, où ils marchent avec les chefs *ocr-ou ;* mais M. de Rougé n'a
pas traduit ce titre. Quant aux *Tempesi* et aux *Pertetkhi*, j'ignore
absolument ce qu'ils peuvent être.

Ces difficultés ne sont pas éclaircies par les phrases embrouillées
qui suivent immédiatement l'énoncé du sujet de l'inscription. Le
roi défend aux *Mahoutoui* l'entrée du temple à cause « d'actions dé-
« testables qu'on dit qu'ils y avaient faites, et parce que « ils avaient

« fait ce que le dieu défend de faire, en méditant dans leur cœur que tuer
« quelqu'un n'est pas un crime, et que le dieu ne l'a pas défendu... »
A quelle circonstance se rapporte cette interdiction ? Je ne sais. Ce
qu'il y a de certain, c'est que les *Mahoutoui* sont condamnés « à être
« jetés dans le feu de Sutex (Typhon),... pour faire respecter tous les
« prophètes et tous les prêtres qui entrent chez ce dieu auguste... »

Une sorte de nouvelle défense plus générale et paraissant s'appliquer à l'avenir est formulée aux deux dernières lignes. C'est encore
le roi qui parle : « Si tous les prophètes et tous les prêtres, dit-il,
« font encore de ces actions détestables dans le temple..., qu'il ne
« soit pas donné qu'ils existent (mot à mot, *qu'il ne soit pas donné*
« *que leurs jambes soient sur la terre*), que leur progéniture ne
« s'établisse pas après eux, parce que le temple ne doit pas être
« souillé de crimes. Celui qui (malgré cette défense) le fera, en sera
« exclu. »

Je n'ai rien à ajouter à cette analyse. Quant au but qu'on s'est
proposé d'atteindre en faisant exécuter cette troisième stèle, il res-
sort des seuls détails dans lesquels je viens d'entrer. La stèle des
Mahoutoui n'est qu'une sorte d'affiche monumentale, apposée dans
le temple de Noph. La défense qui y est formulée, n'avait sans
doute rien d'ambigu pour les contemporains ; mais la signification
s'en est perdue pour nous avec la notion des événements qui l'avaient
motivée.

IV

La stèle suivante, comparée aux trois autres, a tout l'aspect d'un
monument de la décadence. Aussi la reconnaît-on, au premier coup
d'œil, pour la plus moderne des stèles trouvées à Gebel-Barkal.

L'étude des mots inconnus qui s'y trouvent, et celle des formes
grammaticales plus particulièrement employées par le rédacteur de
la stèle, nous confirment dans cette première impression. Néanmoins, rien n'indique que la stèle soit postérieure à Alexandre, et
dans les formes inusitées que nous aurons plus tard occasion d'étudier,
je verrais des idiotismes propres à l'égyptien parlé en Éthiopie, plus
encore que des marques d'une époque de décadence.

Celle-ci est haute, étroite, gravée par devant, par derrière, et sur
les tranches. On y compte cent soixante et une lignes d'hiéroglyphes ; mais la forme du monument, ainsi que l'espacement considérable des lettres, font que ce texte est loin d'avoir, comme longueur,
l'importance que tout d'abord on est porté à lui accorder.

Le roi dont le nom y figure, est déjà connu par une stèle trouvée à Dongola, et publiée dans le grand ouvrage de la commission prussienne. Il s'appelle de son prénom *Amen-si-meri* et de son nom *Hor-si-atef*. Sa mère, qui prend le titre de *royale sœur*, *régente de Cousch*, se nommait *Tesma-nefer-ro*. Sa sœur, et, suivant la coutume éthiopienne, sa royale épouse est la princesse *Behtari*. La date gravée à la première ligne du texte courant, est celle de l'an 35 et du 13 Méchir du roi, taureau puissant qui s'est manifesté dans Noph, seigneur des diadèmes, etc.

On peut diviser l'inscription en trois chapitres.

Au premier, Hor-si-atef énumère les dons qu'il a reçus de son père Ammon de Noph, et ceux qu'il lui a rendus. « Mon bon père « Ammon de Noph a commencé par me donner le pays des Nehès « (des noirs); il a commencé par montrer son amour en me donnant « la couronne; il a commencé par porter son regard sur moi pour « accomplir les choses qu'il m'avait dites... On m'a fait venir devant « Ammon de Noph mon bon père, pour dire : que la royauté sur le « pays de Nehès me soit donnée. Et Ammon de Noph m'a dit : je te « donne la royauté sur le pays de Nehès; je te donne les quatre « angles du monde entier. Je te donne l'eau bonne, je te donne l'eau « qui manque de bonté, je te donne tous les ennemis sous tes san- « dales, etc. »

Ainsi c'est l'empire sur le pays des noirs qu'Ammon accorde à Hor-si-atef. Mais qu'entend-il par *l'eau bonne*, et *l'eau qui manque de bonté?* Le dieu distingue-t-il entre les terres du Soudan qu'arrose l'eau toujours bienfaisante du Nil et celle que couvre l'eau saumâtre des marécages? ou bien *l'eau qui manque de bonté* est-elle l'eau salée de la mer, et Ammon pose-t-il pour limites à l'Éthiopie, le Nil d'un côté, et la mer Rouge de l'autre? Le champ est ouvert aux conjectures.

Le roi expose ensuite qu'étant à Noph dans le temple de son père Ammon, on est venu lui parler du mauvais état de l'édifice, dont les constructions en pierre n'avaient même pas encore été achevées. Le roi donne ses ordres, et en quatre mois tout est fini jusqu'aux peintures.

Puis vient (lig. 25), une longue énumération des dons par lesquels Hor-si-atef a embelli le temple. Cette liste couvre les cinq dernières lignes de la face principale et toute la tranche gauche. Au milieu d'ustensiles de toute sorte, de colliers, d'amulettes, d'autels, de vases sacrés, je distingue deux chandeliers à cinq branches, et un bloc d'or massif pesant quarante *outen*, dont on a fait cinq mille cent vingt anneaux. Une étable à bœufs, pouvant servir à deux cent cinquante-quatre de ces animaux est aussi mentionnée. Cinq cents autres bœufs sont nommés autre part avec cinquante prisonniers et cinquante prisonnières, « faisant ensemble cent personnes. Tout ce « que j'avais résolu de faire pour toi, ajoute le roi en forme de con- « clusion, je l'ai fait. »

Une ligne et demie de la tranche gauche et la face postérieure toute entière sont consacrées au deuxième chapitre. Ici Hor-si-atef énu- mère ses campagnes sous des formules malheureusement peu variées.

En l'an 2, il attaque et défait les *Rehrehsa*.

En l'an 3, défaite de l'ennemi du pays de *Tet*.

En l'an 5, nouvelle expédition contre ces peuples avec de l'infan- terie et de la cavalerie ; leur roi *Aroka* est tué.

En l'an 6, troisième campagne contre ce même pays. Razzia com- plète. Le roi emmène un riche butin en bœufs, en vaches, en ânes, en moutons, en chèvres (*ankh*). Le chef vaincu offre au roi des bra- celets en disant : « Tu es mon dieu et je suis ton esclave. Je suis une « femme.»

En l'an 11, le roi porte la guerre dans le royanme d'*Akena* (les *Kennous?*), situé entre l'Égypte et l'Éthiopie. Deux individus de ce pays nommés *Berouka* et *Sa-amen-sa* avaient tué un de ses sujets. Hor-si-atef prend les armes. Il arrive à Assouan où le combat s'en- gage. Berouka et Sa-amen-sa sont massacrés.

En l'an 16, l'infanterie et la cavalerie du roi vont combattre les *Khet...*

En l'an 18, les anciens ennemis du roi, les *Rehrehsa*, reparaissent. Ils ont pour alliés les gens de *Beroua* (Méroé?). Ils sont mis en fuite.

En l'an 23, nouvelles luttes contre les mêmes peuples. « Leur « chef *Aroua* se présente avec son second de Beroua. » Hor-si-atef paraît avoir rencontré là de sérieux adversaires, car ce n'est qu'en l'an 34, que la stèle nous montre l'ennemi vaincu et l'Éthiopie pacifiée.

Au troisième chapitre, gravé sur la tranche droite, Ho -si-atef ré- sume les constructions qu'il a élevées « depuis le mois de Phame- noth, » et mentionne les fêtes qu'il a instituées. Il a construit six temples, quatre autels, un palais, soixante maisons; il a élevé une forteresse, il a planté six forêts (?) de palmiers et de vignes (?) au- dessous de Noph, six forêts au-dessous de Beroua. Il a établi des of- frandes de toute sorte, et fondé :

Une fête d'Osiris à .... *ti*;

Une fête d'Osiris à *Beroua* ;

Une fête d'Osiris et d'Isis à *Merot;*
Une fête des quatre Osiris et d'Isis à *Karer;*
Une fête d'Osiris, d'Isis et d'Horus à *Sehrosa;*
Une fête d'Osiris et d'Ammon d'Eboti à *Skaroka;*
Une fête d'Horus à *Karot;*
Une fête de Ra à *Mehet;*
Une fête d'Onouris à *Arotanaï;*
Une fête d'Osiris à *Napata;*
Une fête des deux Osiris à *Nehana;*
Une fête d'Osiris et d'Isis à *Pa-kem;*
Une fête des trois Osiris à *Pa-nebs.*

On voit par cette rapide analyse ce que la science peut espérer de l'étude complète de la stèle d'Hor-si-atef. Mais si, comme les trois autres, elle est une page des annales officielles de l'Éthiopie, combien est différent le milieu où elle nous transporte! Que nous sommes loin du temps où l'Éthiopie aspirait à prendre définitivement la place de l'Égypte dans les affaires du monde! Tahraka, qui fut le Sésostris des Couschites de Napata, posséda l'Égypte jusqu'à la Méditerranée, et les colonnes d'Hercule arrêtèrent seules, dit-on, sa marche vers l'Occident. Mais, quelques années plus tard, l'heure de la décadence a déjà sonné. Cambyse ayant résolu de porter la guerre en Éthiopie, trouva établis à Éléphantine ces Ichthyophages qu'il employa comme espions. Sous Hor-si-atef, le même fait se présente, et de petits royaumes indépendants qui n'appartiennent ni à l'Égypte, ni à l'Éthiopie, séparent pour toujours deux pays autrefois réunis sous un même sceptre.

Tels sont, en résumé, les cinq monuments dont vient de s'enrichir le Musée de Boulaq. Ce que nous savions jusqu'ici de la civilisation éthiopienne, fille de l'Égypte et cependant sa rivale souvent heureuse, se réduit à peu de choses; nos stèles nous aideront à faire un pas en avant dans cette mystérieuse histoire. J'ai déjà dit ce que fut l'Éthiopie à partir des Thoutmès. Cette riche province égyptienne était alors administrée par des vice-rois auxquels on donnait le titre de princes de Cousch. A quelle époque l'Éthiopie s'érigea-t-elle en royaume indépendant? On croit communément que ce grand événement, qui allait avoir sur les destinées de l'Égypte une si remarquable influence, eut lieu sous la xxii° dynastie; à certains indices, je la reculerais plutôt jusqu'à la xxi°. Le royaume d'Éthiopie me paraît en effet le produit de l'usurpation consommée à Thèbes par les grands prêtres, successeurs de Ramsès. Le dernier prince de Cousch que nous connaissions, est précisément ce prêtre Her-Hor qui proclama déchéance de la famille royale, et osa ceindre son front de la couronne égyptienne. Her-Hor avait demeuré en Éthiopie. Ce qui le prouve, c'est d'abord son titre de vice-roi, c'est aussi que parmi ses fils il en est qui ont rapporté du Soudan des noms propres dont la tournure couschite est affirmée par nos stèles. Her-Hor était en outre généralissime des armées du sud et du nord; c'est-à-dire (interprétation qu'autorisent ces mêmes stèles) de l'Égypte et de l'Éthiopie. Enfin, un de ces fils porta ce nom de *Piankh* qui devait être plus tard celui de plusieurs rois éthiopiens, et il fut le premier peut-être qui régna à Noph soûs la suzeraineté de son père. L'Éthiopie, jusqu'alors colonie plutôt que province égyptienne, aurait donc, comme royaume, son point de départ à Her-Hor. Ce prince et ses successeurs y avaient mis en honneur le culte d'Ammon, qui resta, jusque sous les Grecs, le dieu national du pays. Mais quand le pouvoir passa des mains de ces grands prêtres à celles des souverains légitimes, représentés par les rois de Tanis, l'Éthiopie, fidèle à la fois à son dieu et à ceux qui le lui avaient fait connaître (et où d'ailleurs se réfugièrent peut-être les descendants d'Her-Hor), s'érigea par la seule force des choses en royaume indépendant.

AUG. MARIETTE.

Paris. Imp. PILLET fils aîné, rue des Grands-Augustins, 5.

STÈLE BILINGUE

DE CHALOUF

*Lettre de M. M*ARIETTE *au Présiden de l'Académie des Inscriptions* (1)

Au Caire, le 26 juillet 1866.

Monsieur le président,

Conformément à l'invitation qui m'en a été faite par M. de Lesseps, j'ai l'honneur de vous adresser la copie des fragments de la stèle bilingue de Chalouf.

Chalouf est une station du canal d'eau douce qui joint le Nil à la mer Rouge. A douze kilomètres à l'est de Chalouf, à trente-trois kilomètres au nord de Suez, on trouve, au sommet d'une éminence de sable, le monument dont les ruines ont fourni les débris sur lesquels votre attention est en ce moment appelée.

Avant de chercher à faire valoir l'importance de ces débris, je demande, Monsieur le président, à raconter dans quelles circonstances ils ont été découverts.

Je connaissais depuis longtemps l'existence du monument persépolitain de Chalouf. Mais, n'y voyant que des textes cunéiformes, je songeais d'autant moins à en entreprendre le déblayement que mes ressources en ouvriers suffisaient tout au plus au travail (plus important à mon point de vue) des fouilles égyptiennes proprement dites. D'ailleurs, j'aurai signalé la plus sérieuse difficulté en ajoutant que les ruines à explorer sont situées sur le terrain de la compagnie de l'isthme de Suez, fait important qui m'a créé une position très-

---

(1) Cette lettre accompagnait l'envoi de la copie des fragments de la stèle bilingue de Chalouf, demandés par l'Académie, et que nous espérons pouvoir publier bientôt.

délicate tant que le différend survenu entre cette compagnie et le gouvernement qui m'emploie n'a point été arrangé.

Cependant, au mois de février dernier, M. le docteur Aubert-Roche, médecin en chef de la compagnie, me montra la copie exécutée par M. le docteur Terrier de deux fragments de la stèle de Chalouf (ceux qui portent les n°s 1 et 3 sur la pl. I ci-jointe). Un roi persan soutient de ses bras étendus un cartouche de forme égyptienne, dans lequel sont inscrits les caractères cunéiformes. Au sommet de la stèle on voit le signe *Ciel*, également très-fréquent sur les monuments égyptiens. Enfin, l'inscription persane était limitée de chaque côté (toujours à la manière des monuments de l'Égypte) par une figure du sceptre *os* qu'Horapollon désigne sous le nom de sceptre de *coucoupha*. La stèle de Chalouf, persane d'origine, s'était donc laissé pénétrer par une certaine influence égyptienne. De là une importance inattendue; de là l'espérance fondée de trouver dans les fouilles, à côté des fragments cunéiformes, des fragments hiéroglyphiques.

Quelques jours après, j'entretins M. de Lesseps de cette affaire. Il n'était pas alors en mesure d'envoyer des ouvriers à Chalouf. Mais il était digne de M. de Lesseps de consacrer au déblayement de la stèle quelques-uns des siens. En effet, les deux fragments copiés par M. le docteur Terrier démontrent une stèle bilingue. La pierre ne serait que persépolitaine, que déjà l'intérêt qui [s'y attache serait considérable; mais cet intérêt grandit encore dès qu'à côté de l'inscription cunéiforme il y a chance de rencontrer une autre inscription en caractères égyptiens. Par les fouilles projetées, la science entrera ainsi en possession de deux textes qui pourront se compléter, se contrôler, s'expliquer l'un par l'autre. Quant à la date du monument, l'emplacement lui-même la révèle. Puisque la stèle est en écriture cunéiforme, et qu'elle fait partie d'un ensemble de monuments analogues qui bordent le lit du canal auquel Darius fit travailler, il est vraisemblable que, si un cartouche est trouvé, ce sera celui de ce roi.

Encouragé par ces espérances, M. de Lesseps voulut bien me promettre d'employer quelques ouvriers au travail dont je lui demandais l'exécution, et, le même jour, à sa prière, je remis au docteur Aubert-Roche les instructions que je croyais propres à faire arriver l'affaire à bonne fin.

Une lettre de M. de Lesseps fils, que je reçus bientôt après (1),

---

(1) « Monsieur, il y a un mois environ, il vous fut remis un croquis dessiné par M. le docteur Terrier, médecin de la compagnie à Chalouf, d'après une pierre faisan

expliquera les résultats définitifs qu'obtinrent les démarches dont je viens de présenter le résumé.

partie d'un monument persépolitain qui se trouve aux environs de Chalouf. Après avoir examiné ce document, vous lui avez attribué de l'importance et vous avez paru croire qu'en pratiquant dans cet endroit des fouilles on aurait chance de rencontrer, en outre des inscriptions cunéiformes qui apparaissaient à la surface du sol, des caractères hiéroglyphiques de nature à permettre de contrôler l'écriture cunéiforme, cet assemblage des deux langues n'existant encore nulle part. — Informé par vous de l'intérêt que vous attachiez à ce monument et désireux de voir la Compagnie du canal de Suez offrir son concours au gouvernement égyptien dans une opération utile à la science, mon père m'a chargé de faire sur les lieux les recherches nécessaires pour vous donner des renseignements plus précis sur ce monument. En conséquence, M. Larousse, chef de la division de Suez, M. le docteur Aubert-Roche et moi, nous nous sommes rendus ces jours derniers sur l'emplacement occupé par le monument persépolitain, à deux kilomètres environ à l'est du canal d'eau douce et à la hauteur du kilomètre soixante et un de ce canal, c'est-à-dire à douze kilomètres de Chalouf et à trente-trois kilomètres de Suez. Un petit monticule surmonté d'une enceinte circulaire recouverte de sable apparaît dans la plaine. Trois ou quatre blocs de granit de Syène sont épars sur le sol ; tous sont recouverts de caractères cunéiformes ; sur l'un d'entre eux est figurée la partie du disque ailé dont la reproduction vous a été transmise par M. le docteur Terrier. — Nous avons commencé nos fouilles du côté ouest de l'enceinte ; nous avons extrait d'abord deux blocs, qui complètent, avec celui dont nous venons de parler, la partie supérieure du monument. On voit à gauche un personnage debout, revêtu d'une longue robe, portant toute la barbe, couvert d'un bonnet crénelé et étendant sa main sur un cartouche contenant des caractères cunéiformes. Nous n'avons retrouvé que la moitié d ce cartouche et nous ne croyons pas qu'on puisse le compléter ; la seconde moitié aura disparu en poussière. A droite un personnage semblable au premier le regardait, se tenant dans la même attitude et ayant également devant lui un cartouche qui manque. Bien que ce personnage et son cartouche n'existent plus, on les remplace aisément à l'aide de quelques accessoires subsistant encore sur les divers fragments que nous avons rapprochés les uns des autres. — A la vue de ce sujet, M. le docteur Aubert-Roche crut se souvenir qu'il était question de notre monument dans l'ouvrage de l'*Expédition d'Égypte*. Il est en effet parlé d'un objet bien analogue dans une *Notice sur les ruines d'un monument persépolitain* découvert par M. de Rozière. (vol. I des *Antiquités : Mémoires*, p. 265) et dans la *Description des antiquités de l'isthme de Suez*, par M. Devilliers (vol. II des *Antiquités : Descriptions*, ch. xxix, p. 8). La position géographique, le tableau du lieu, la description de la nature des pierres, des emblèmes qui ornent le haut de la stèle, tout jusque-là s'y rapporte. Mais, selon M. de Rozière, « au-dessus du globe ailé, une figure assise, d'environ six décimètres de proportion, attire principalement l'attention .... Deux autres figures, un peu moins grandes que celle-ci, debout devant elle, semblent lui rendre hommgae. » Pour nous, il nous est impossible de caser ce personnage assis ; du moment où M. de Rozière en aurait vu trois, il aurait donc découvert un autre monument dans la même contrée. M. de Rozière ajoute : « J'ai détaché de ce bloc de granit la partie sur laquelle était sculptée la tête du principal personnage. » Comme je vous l'ai signalé, nous n'avons pas retrouvé notre figure de droite ; est-ce celle-là qui aurait été enlevée par M. de Rozière, lequel, pressé par le temps, ainsi qu'il le raconte lui-même, aurait vu trois

Ainsi, le monument de Chalouf est une stèle de proportions colossales (elle a deux mètres trente centimètres de largeur et quatre-vingts centimètres d'épaisseur sur une hauteur inconnue); d'un côté est gravé un texte en caractères cunéiformes; un texte en caractères hiéroglyphiques couvrait l'autre face. Des observations consignées dans un rapport que m'adresse M. Vassali, conservateur du Musée, envoyé par moi sur les lieux, il résulte que la stèle n'a jamais fait partie d'une chapelle ni d'aucune autre construction analogue, mais qu'elle s'élevait isolée sur un socle circulaire, bâti en grès, au sommet d'une éminence de sable, de telle sorte que la stèle pouvait être aperçue de toutes les parties du désert environnant.

Telles sont, Monsieur le président, les circonstances qui ont accompagné la découverte des fragments dont j'ai l'honneur de vous envoyer la copie. Je terminerai par quelques explications propres à mettre en relief ce que la stèle me paraît présenter d'intéressant,

personnages où il n'y en avait que deux? — Je me borne à vous soumettre ces observations, qui sont peut-être de nature à appeler votre attention sur une nouvelle série de découvertes de l'époque des Perses à faire aux alentours du monument dont nous nous sommes occupés. Si l'on observe qu'au kilomètre quatre-vingt-trois, entre Chalouf et Suez, et au kilomètre quatorze, au lieu appelé le Serapeum, se trouvent deux monticules semblables à celui dont nous nous occupons, tant par leur forme que par les pierres qui les recouvrent, on pourrait croire, avec M. de Rozière et avec M. Lepsius, qui a rapporté la meilleure impression de sa visite à ces monuments, que c'était là une série de stèles placées en vue du canal de Darius et destinées à en perpétuer le souvenir. — Nous avons ensuite déterré des morceaux hiéroglyphiques avec cartouches royaux sur lesquels M. Lepsius a lu le nom de Darius, et des pierres noircies par la fumée dont la surface s'écaille, puis un bloc de quatre-vingts centimètres d'épaisseur portant d'un côté une inscription hiéroglyphique et de l'autre une inscription cunéiforme. Quelques autres blocs de diverses dimensions sont recouverts les uns de cunéiformes, les autres de hiéroglyphes. Nous avons été amenés à penser que notre monument était une stèle portant sur chaque face une inscription en langue différente que l'on aura fait éclater en y mettant le feu du côté hiéroglyphique; aussi nos trouvailles sont-elles, pour cette portion, beaucoup moins nombreuses, presque tous les blocs ayant perdu leur inscription, qui a été réduite en cendres. Le côté cunéiforme est, au contraire, fort bien conservé et n'a aucune trace d'incendie. Quoi qu'il en soit, nous pensons avoir reconstitué tout ce qui subsistait du monument. Nous avons mis en lieu sûr, à Chalouf, tous les petits fragments, notamment ceux à hiéroglyphes que le moindre contact dégraderait. Nous avons recouvert de terre les gros blocs, qui sont au nombre de dix-sept, et dont vous trouverez ci-annexée la liste et les dimensions. — Les transporter par le canal de Suez, comme j'en avais d'abord l'intention, serait fort aisé. Mais pour les rendre au canal il faudrait employer des moyens spéciaux dont je ne disposais pas pour le moment. Il y aurait à faire une dépense beaucoup plus considérable qu'il n'y avait lieu de le supposer avant d'avoir pratiqué les fouilles, et on n'y passerait pas moins de huit à dix jours. Tout cela d'ailleurs n'est pas impossible .... »

particulièrement du côté où a été gravée l'inscription hiéroglyphique.

Les fragments qui nous restent de la stèle bilingue de Chalouf sont en totalité au nombre de trente et un, non compris quelques blocs absolument méconnaissables. Dix-huit de ces fragments appartiennent à la face persane; les treize autres à la face égyptienne.

Les dix-huit fragments persépolitains sont reproduits isolément sur les trois premières planches ci-jointes. En les rapprochant, on obtient l'ensemble dont la pl. IV offre le dessin. Vu l'état de mutilation du monument, il serait téméraire, je crois, de donner comme définitif cet arrangement.

La face hiéroglyphique est de beaucoup la plus endommagée. Comme je l'ai fait pour le texte cunéiforme, je réunis au hasard sur la pl. V les treize fragments que nous en possédons. Sur la planche suivante je rapproche ceux qui peuvent l'être.

Les fragments hiéroglyphiques du monument de Chalouf sont donc de deux sortes : ceux qui n'ont aucune place assurée, et ceux qu'on peut rétablir, avec plus ou moins de probabilité, à leur place antique. Les premiers portent les n⁰ˢ 8, 9, 10, 11, 12. Le n° 9 est intéressant par la mention qui y est faite d'une expédition mise en rapport avec une localité dont le nom est déterminé par le signe de l'eau et se prononce *Par.....*

Siltilis, si connu par ses carrières de grès, est cité sur le fragment onze. Le fragment huit jouit d'une importance que ne possèdent point les autres. C'est là, en effet, que se trouve tout au long le cartouche de Darius. Des travaux ordonnés par ce roi y sont mentionnés. A la ligne deuxième, il est question de sables, sans doute du désert au milieu duquel s'élève le monument. Plus bas, le texte ajoute que tout ce qu'avait ordonné le roi fut exécuté à l'instant, comme si le dieu Ra lui-même avait parlé. Enfin, aux deux dernières lignes, on lit là formule connue : « (A fait le roi) *Darius vivant à toujours plus que ses ancêtres; jamais une fois chose pareille* (n'avait été faite auparavant), » formule qui permet de croire que le fragment sur lequel nous la trouvons inscrite appartient au bas du monument.

Les n⁰ˢ 1, 2, 3, 4, 5, 6, 7 et 13 ont été donnés aux fragments qu'on parvient à remettre en place. La formule gravée sur le n° 7 est une partie de la légende qui accompagne ordinairement les images des divinités; une ou plusieurs divinités figuraient donc au premier registre de la stèle. Que les fragments 1 et 2 aient leur place marquée au milieu de la scène, c'est ce que les analogies offertes par tant d'autres monuments mettent à peu près hors de doute. Le premier registre nous montrait donc, sur le globe ailé, deux Nils nouant les tiges du Nord et du Sud autour du caractère *Sam*, symbole ordinaire de la réunion de deux ou de plusieurs contrées sous un sceptre unique. J'ajouterai une autre observation. Si la stèle a deux mètres trente centimètres de largeur et si le caractère *Sam* est bien situé sur un axe longitudinal, il s'ensuit qu'entre le fragment 3 et le cartouche crénelé du fragment 1, il y a bien exactement place pour dix noms topographiques. Sous les deux Nils et le Sam s'étendait donc une bande horizontale, occupée à gauche par dix cartouches crénelés, et sûrement aussi à droite par dix autres.

Reste le fragment 13, où l'on aperçoit encore un coin de cartouche et la lettre *t* placée après une autre qui a disparu. Quelle que soit la place à donner à ce fragment, il est évident qu'il appartient au premier registre et qu'il nous conserve une partie du nom de Darius. Je le place avec d'autant plus de probabilité au-dessus de *Sam*, qu'à son extrémité gauche on remarque une partie d'un profil humain, qui ne peut appartenir qu'à l'un des deux Nils.

En résumé, si les mains inconnues qui ont brisé la stèle de Chalouf ont causé à la science un mal dont nous commençons à soupçonner la grandeur, il est heureux que le rapprochement de certains indices nous permette de rattraper une partie des richesses perdues. Hérodote nous donne la liste des vingt satrapies dont se composait l'empire des Perses, sous Darius. Mais que lisons-nous sur la stèle de Chalouf? Dans l'énumération des vingt peuples ou contrées qui y sont mentionnés, *Babel* occupe le premier ou le deuxième rang. Un nom illisible (fragment 6) prend place dans chacun des quatre noms qui suivent Babel. Un sixième nom perdu précède les quatre derniers. Puis vient *Katpatki* (la Cappadoce), les *Nahos* (probablement les Éthiopiens d'Asie), *Melka* (les Myciens), et enfin l'Inde, nommée *Hindoui*.

La stèle de Chalouf aurait donc, si elle nous était arrivée intacte, l'inappréciable avantage de nous fournir une liste des satrapies plus authentique que celle d'Hérodote, puisqu'elle est gravée sur un document officiel contemporain de Darius.

M. de Lesseps doit voir par là que, bien qu'elle n'ait donné que des débris, sa fouille a été d'autant moins stérile que nous ne savons pas encore ce que produira l'étude du texte cunéiforme. Que ce soit un encouragement à persévérer. Une sérieuse exploration des deux bords de l'ancien canal de Pharaon est à faire. Pour moi, sûr de rendre à la science un important service, je suis disposé autant que personne à l'entreprendre sitôt que les moyens d'exécution me seront fournis.

En terminant cette lettre, j'ai à m'excuser, Monsieur le président, de la brièveté peut-être exagérée des renseignements qu'elle contient. J'y suis forcé non par mes occupations multipliées (ma première occupation sera toujours de répondre aux vœux de l'Académie), mais par ma santé, qui ne me permet, en ce moment, aucun travail d'un peu longue haleine.

Veuillez agréer, etc.

AUG. MARIETTE.

—— Des circonstances indépendantes de notre volonté nous forcent à remettre le Bulletin de l'Académie au mois prochain.

NOTE

L'UTILITÉ DES ALLITÉRATIONS

POUR LE

DÉCHIFFREMENT DES HIÉROGLYPHES

Les temples égyptiens, et en particulier les temples ptolémaïques de Dendérah et d'Edfou, nous ont conservé des textes, assez nombreux d'ailleurs, du genre de ceux que reproduit notre planche V. Je ne veux pas traiter aujourd'hui à fond la question que soulève l'étude de ces textes; je désire seulement montrer en quelques lignes, et avec le secours de quelques exemples, que dans les textes dont il s'agit se trouve un instrument philologique nouveau, je veux dire un moyen nouveau soit de découvrir la lecture de certains signes inconnus jusqu'ici, soit de contrôler les lectures déjà découvertes et admises.

Le premier de ces textes (*a*) est une sorte de litanie en l'honneur d'Hathor, déesse éponyme du temple de Dendérah. Les versets qui occupent les lignes 1, 2 et 3, et qui sont composés avec les mots *Hen-t* et *Neb-t* (*régente* et *dame*), n'offrent qu'un médiocre intérêt. Mais il n'en est pas de même des suivants. Ici, en effet, les titres de la déesse sont rangés par groupes, et chaque titre dans le même groupe commence par la même lettre. *Tehen schen*, lisons-nous, *Tehen Ké-u, Tot neter, Taï, Ta, Tepet ut Ké-u*, etc.; *Ser ran, Ser sem, Sepet, Sek, Seteb, Sepet seschu*, etc.; *Annu...a, Annu het, Annu....*, *A kheper-u, A neru, A aneb, A schefi, Ar*, etc.; *Unnu, Usur tot, Unen em nub, Uben, Urmes*, etc., etc.

Les autres textes (*b*, et suiv.) garnissent les soubassements de

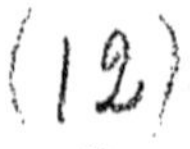

quelques-unes des chambres latérales du même temple. Le roi se
présente à la divinité du lieu. Derrière lui marchent des personnages
qui symbolisent le Nil, rappelé par diverses qualifications. Chaque
Nil porte sur ses bras étendus des produits variés de l'Égypte. Un
texte accompagne ces figures, et cette fois le système des allitérations est poussé si loin que, dans chaque légende, presque chaque
mot commence, ici encore, par la même lettre. Pour les égyptologues, la transcription complète de ces légendes est inutile. Aux
personnes qui ne font pas de l'égyptologie une étude spéciale les
trois ou quatre exemples qu'on va lire suffiront : *An f Serf er Se-tef
Sam-t er S-ur Sennu en Sekh-neter-u Sur-f Seti-t Ser-ut khe Smennu-t
Senter-f Se-t ou Seteb-u* (pl. V, *b*); *Uscher User-ut em S..set Uteb
aser Uteb Utes* (pl. V, *j*); *An f en Hehu em Hepet em (H)ameh Ham em
Heh en Heh en Heh-u Han-f Ha nehem khe Hefennu en Hotep-u
Hesmen-f Hu neter-t er Hu Hu* (pl. V, *c*); etc., etc.

L'utilité de l'instrument mis entre nos mains se révèle d'elle-
même. Nous remarquerons particulièrement les points suivants :

1. *Litanie d'Hathor*. Jusque vers la fin de la 13ᵉ ligne, les versets
de la litanie d'Hathor sont rangés selon un ordre alphabétique qu'on
suit facilement. Au delà règne une certaine confusion, que je ne
parviens pas à démêler.

2. La première articulation est le *t*. Nous y noterons les *deux têtes
d'âne* (1) dont la prononciation est inconnue jusqu'ici. Par la place que
ce signe occupe, nous savons cependant tout au moins que c'est la lettre
t qui lui sert d'articulation initiale. Le groupe ⸻ mérite aussi
de fixer notre attention. Ce groupe est un exemple de plus de la
confusion que les Égyptiens établissaient entre le *t* et le *t'*. Dendérah nous offre, en effet, à chaque pas la variante ⸻. Une
autre variante est fournie par le Ramesséum où ⸻, *cheval*,
est écrit ⸻. Les Grecs n'en ont été que plus autorisés
à transcrire *T'an* par Τάνις (2).

____

(1) L'Imprimerie impériale ne possède pas ce caractère.

(2) Parmi les *t*, remarquons aussi *la main* (⸻), signe sur la prononciation
duquel M. de Rougé, avec raison, a élevé quelques doutes dans l'une de ses dernières
leçons au Collége de France.

3. La série des *s* (fig. 4) s'ouvre par le syllabique 〰. On trouve 〰〰〰 pour *vase* à Karnak, et 〰〰〰 dans le même sens sur une stèle de Gebel-Barkal. Ce dernier mot est le *Zir* des Arabes. Le groupe 〰 (fig. 5) est embarrassant. Commence-t-il la série des *a* et se prononce-t-il *Aχ-t*? finit-il la série des *s* et se prononce-t-il *Seχ-t*? jusqu'à présent il est difficile de décider. En tous cas, il n'y a aucune raison pour le transcrire *Paχt*. La déesse *Pascht* n'est connue par aucune tradition, soit classique, soit monumentale. Ce thème a peut-être été fourni à Champollion par le 〰〰 de Speos Artemidos, différent de 〰.

4. L'articulation *ā* vient ensuite. Remarquons le soin que le rédacteur de la litanie a mis à distinguer 〰 qui est un ע, du 〰 qui est un א et que nous trouverons plus loin. En tête de la série des *ā* est placé 〰. D'après M. Pleyte (*Zeitschrift*), on trouve, en effet, 〰. C'est le même mot qui, au tombeau de Ti, est écrit 〰. En copte ⲁϥⲣ signifie *musca, apis*. Parmi les *a* figure aussi le lézard 〰 (fig. 6), à cause de son phonétique 〰.

5. L'articulation *u* est intéressante à étudier. Notons : 1° 〰, groupe qui ne peut se prononcer *Neter hem-t*, puisqu'il est placé ici parmi les *u*; 2° 〰, *user* et non pas *t'eser*. Si certaine qu'elle fût, cette lecture avait besoin d'une preuve plus directe. L'inscription nous la fournit; 3° 〰 (fig. 7). Il doit se lire *Uben*, comme l'indique la variante 〰, fréquente à Dendérah; 4° 〰 (fig. 7). Autre groupe inconnu, dont la première articulation est un *u*. Ce groupe a le sens de 〰, *se coucher;* mais nous en ignorons la pro-

nonciation; 5° [signes hiéroglyphiques] et [signes hiéroglyphiques] (lig. 7). La présence de ces deux mots, qui se lisent *fe-t* et *bes t,* au milieu des *u*, prouve que les Égyptiens adoucissaient l'*f* et le *b*, au point de les confondre quelquefois avec l'*u*.

6. L'articulation *h* viendra plus tard. Nous en trouvons cependant, après l'*u*, un seul exemple (lig. 7 et 8), sans que nous puissions deviner le motif de cette exception.

7. Les *a* (ℵ) ne donnent lieu qu'à deux remarques. La première porte sur [signe] dont le phonétique [signe] est déjà connu (*Zeitschrift*); la seconde a trait à [signes hiéroglyphiques], qu'on écrivait aussi [signes hiéroglyphiques], *Aχ* (copte ϣⲟⲩ, *dignus*).

8. L'articulation *a* est suivie de l'articulation *p*, suivie elle-même du *m*. Remarquons que le groupe [signes hiéroglyphiques] n'est pas ici pour sa valeur alphabétique. Comme il signifie *le Sud*, on l'a introduit dans la litanie pour l'opposer au groupe suivant, qui signifie *le Nord*. S'il est placé avant ce dernier, c'est que, dans les habitudes égyptiennes, le Sud prend effectivement sa place avant le Nord dans l'énumération des points cardinaux. Remarquons encore que [signe] est ici pour sa valeur *mer*.

9. Le *n* que nous rencontrons ensuite (dans le signe [signe]) se distingue-t-il, par quelque accident particulier à cette nasale, du *n* que nous trouvons aux lignes 12 et 13? Cette distinction ne pourrait être admise que s'il était prouvé que les versets dont se compose la litanie sont rangés dans un ordre strictement alphabétique, c'est-à-dire sans aucun empiétement d'une articulation sur l'autre. En ce cas, le *n* de [signe] serait à distinguer du *n* de *nub*, de *neχen* et des autres mots qu'on rencontre plus loin. Mais la présence du mot *her*, à la fin de la ligne 7, nous a déjà montré (plus haut, n° 6) que notre texte ne tient pas un compte rigoureux de la série alphabétique, puisque la lettre *h* reparaîtra tout à l'heure, précisément dans le même mot *her*.

10. De même qu'à la ligne 7 le rédacteur de l'inscription a réuni en un même groupe les articulations voisines *b, f, u,* de même, aux lignes 10, 11 et 12, nous trouvons confondues les aspirations *h* et *χ*.

Notons les groupes suivants : 1°   . Le signe   est mis par l'inscription parmi les χ. M. de Rougé a déjà cité des exemples de ce fait, trouvés dans des textes de basse époque. Ce n'est pas, proba- blement, que   valût χ. Mais les Grecs ne possédant pas l'articu- lation chuintante, il est à présumer que, de leur temps, les Égyp- tiens eux-mêmes, attirés par leur exemple, devaient donner au ש la prononciation dure du ב. De là *Schafra* et Χεφρὴν ; 2° La *femme qui étend les ailes* est un déterminatif du verbe   , *pro- téger*. On lit sur la stèle des Mines d'or :   , *il a protégé l'Égypte de son aile*. C'est l'image d'Isis couvrant de ses ailes Osiris ; 3° Le mot   est-il ici pour quelque prononciation inconnue commençant par une aspiration? je l'ignore ; 4° Même re- marque pour le mot suivant. Dans l'original le *lièvre* a les oreilles plus droites et plus courtes que celles de l'animal qui sert à écrire la syllabe *un*. Peut-être faudrait-il, ici encore, placer un *h* initial. 5°   , le nom de la déesse d'El-kab a été lu jusqu'ici |*Seben (Souvan)*. Par la place qu'il occupe dans la litanie d'Hathor, il paraîtrait devoir plutôt se prononcer *Heben*; 6° Remarquons enfin la présence de l'*œil* parmi les *h*. Si *ar* est la véritable prononciation de ce signe, la voyelle initiale semblerait être précédée d'une aspi- ration.

11. Après le χ et le *h*, nous trouvons le *n* dans *neb, nub, neχen, net*. Le groupe qui suit,   , a-t-il, dans notre inscription, la valeur qu'on lui reconnaît le plus habituellement, celle de *as*? Quand il a cette valeur, on le compare au copte ⲁⲥ, *antiquus, vetus*; mais ne répond-il pas aussi à ⲗⲁⲥ, qui a le même sens? On conviendra que cette dernière lecture a pour elle l'autorité de notre inscription.

12. Après le *n* nous avons à enregistrer : 1° le *s* représenté par   ; 2° le *t* représenté par   , *t'es* et peut-être même par   , si *t* se trouve parmi les articulations nombreuses qui servent à pro- noncer ce signe; 3° le *b* représenté par   , après quoi l'ordre alphabétique devient si difficile à suivre que tout porte à croire,

comme je l'ai dit plus haut, qu'il est intentionnellement rompu. Telle est la litanie d'Hathor.

13. *Personnages représentant le Nil.* Quant aux textes qui servent de légendes aux personnages représentant le Nil, ils donnent lieu à des remarques du genre de celles que je viens de signaler. En voici quelques exemples :

14. Légende *b.* a pour prononciation *Sem.* C'est donc avec raison que ce signe est introduit parmi les *s.*

15. Même légende. La lecture de n'était pas certaine. La présence de ce signe au milieu des *s* lève toute espèce de doute sur sa valeur .

16. Même légende. Le caractère qui sert à écrire le nom de *Pakht* (voyez plus haut), reparaît au milieu de la légende qui nous occupe. Ce n'est donc pas *Aχ.t* qu'il faudrait lire le nom de la déesse, mais *Seχ.t.*

17. Même légende. est pour *s.* Comparez le nom propre où le signe a incontestablement cette valeur.

18. Même légende. doit se lire *set'eb* ou *seteb.* On trouve les variantes , , .

19. Légende *e.* Le mot est rangé parmi les *h,* comme si le devait être précédé d'une aspiration. Ce n'est pas là un fait nouveau. Aux exemples déjà connus j'ajouterai le mot , qui a dû s'écrire quelquefois sans *h,* puisqu'il est passé dans le copte sous la forme ⲁⲛⲑⲟⲩⲥ, *stellio, lacerta.*

20. Même légende. Aux *h* appartient encore le mot . Le phonétique est peut-être , *pêcher.*

21. Légendes *g* et *h.* Le *n* y domine. Remarquez que le phonétique

de 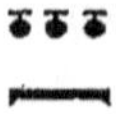 (*nen*), douteux jusqu'ici, est donné par le terme correspondant .

Je ne pousserai pas plus loin ces remarques. Ce que j'ai voulu montrer, c'est que les textes égyptiens nous offrent des exemples d'allitérations dont l'étude peut servir efficacement la science, soit, comme je l'ai dit, pour confirmer les anciennes lectures, soit pour en découvrir d'autres. Avec les textes publiés jusqu'ici, ce nouvel instrument d'investigation n'est peut-être pas d'une grande utilité. On le verra cependant prendre une valeur réelle quand auront paru (très-prochainement, je l'espère) les volumes de mes *Fouilles* consacrés à la description des temples de Dendérah et d'Edfou.

Il est un autre problème que les textes à allitérations pourront nous servir à élucider. Il s'agit de l'alphabet. On l'y retrouvera certainement un jour avec la même assurance que, dans les Psaumes, on trouve l'alphabet hébreu. Qui sait si déjà nous n'en avons pas tout au moins une partie dans la litanie d'Hathor? Ici les versets sont rangés sous les lettres suivantes : *t*, *s*, *ā*, *u*, *h*, *a*, *p*, *m*, *n*, *h*. χ, *n*, *s'*, *t'*, *b*. Or, Plutarque nous apprend que la première lettre de l'alphabet égyptien est un ibis, ce qui peut s'entendre de l'ibis employé pour écrire le nom de Thoth. Remarquons d'un autre côté que, dans la série alphabétique qui vient d'être énumérée, le *t* et le *s* se suivent comme dans les alphabets régulièrement constitués; que les voyelles sont réunies dans un même groupe, que les articulations du même organe, *h* et χ, sont confondues, que le *n* vient à la suite du *m*. Quelques articulations manquent, à la vérité, ou du moins nous ne les avons pas constatées avec une entière certitude; mais ne peuvent-elles pas être dans une suite à la litanie, placée autre part et lui faisant pendant, ce que les habitudes des temples égyptiens rendent très-possible? Je n'affirme donc pas que le problème soit résolu, et que nous ayons déjà dans l'inscription de Dendérah une partie de l'alphabet égyptien; mais, dès à présent, ce n'est plus une espérance vaine de songer à retrouver un jour ou l'autre cet alphabet dans des textes du genre de ceux que je viens de signaler à l'attention des égyptologues.

AUG. MARIETTE.

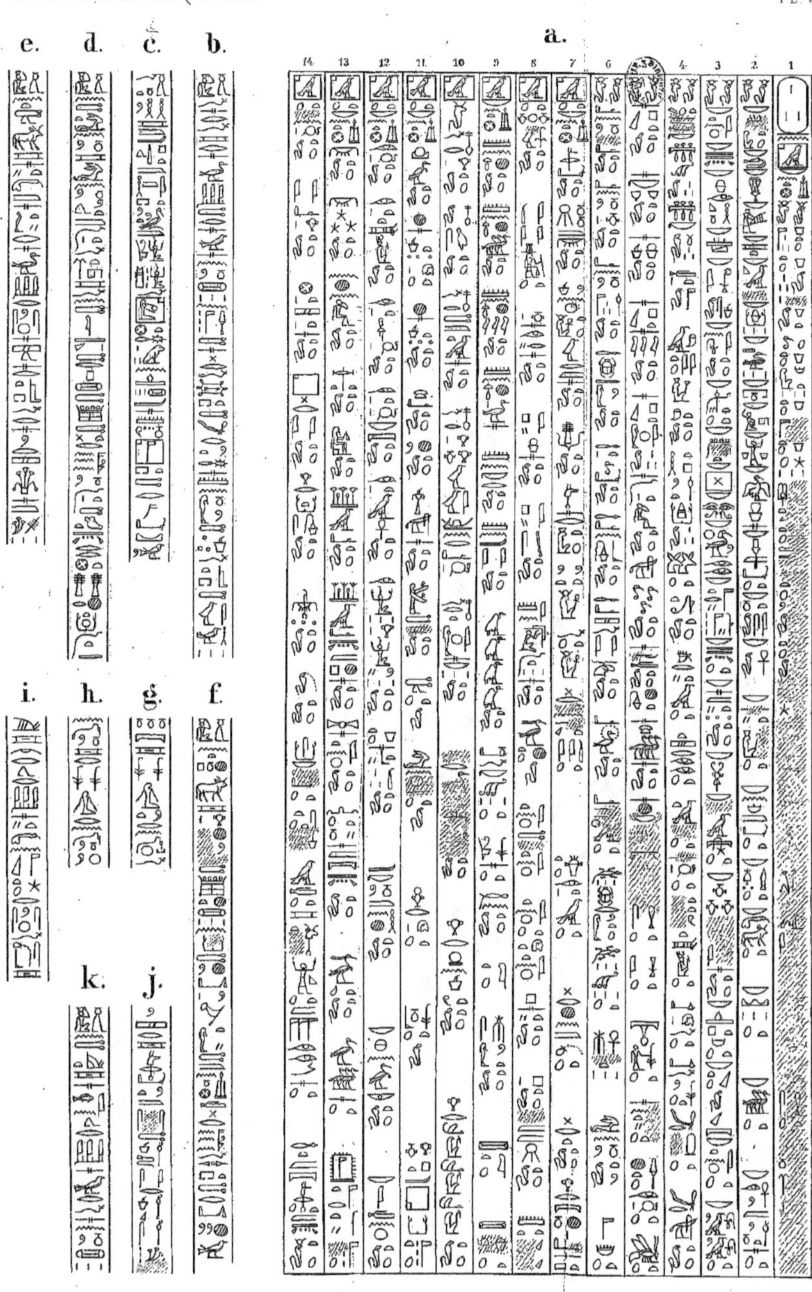

INSCRIPTIONS DU TEMPLE
de Dendérah.

www.ingramcontent.com/pod-product-compliance
Lightning Source LLC
Chambersburg PA
CBHW061334060726
47596CB00003B/1237